GÉNÉALOGIE HISTORIQUE

DE LA

MAISON DU TEIL

ET DE

SON TRONC PRIMORDIAL

ADHÉMAR DE MONTEIL

REMONTANT PAR SES ASCENDANTS DIRECTS
JUSQU'A L'ORIGINE DE LA NATIONALITÉ FRANÇAISE

ET

LES TEMPS DES ROIS MÉROVINGIENS

PAR

LE BARON DU TEIL

PARIS

IMPRIMERIE ÉMILE MARTINET

HOTEL MIGNON, RUE MIGNON, 2

1879

ESSAIS GÉNÉALOGIQUES

TIRÉS DE L'HISTOIRE DE FRANCE

« Quand nous aurons une bonne histoire des origines de la noblesse française, on verra que chaque centre de familles féodales correspond à un centre de colonisation germanique, et que la plupart des familles vraiment anciennes de France remontent à un établissement de l'époque carlovingienne.

» RENAN. »

Philosophie de l'histoire contemporaine, p. 10.)

PARIS. — IMPRIMERIE E. MARTINET, RUE MIGNON, 2

GÉNÉALOGIE HISTORIQUE

DE LA

MAISON DU TEIL

ET DE

SON TRONC PRIMORDIAL

ADHÉMAR DE MONTEIL

REMONTANT PAR SES ASCENDANTS DIRECTS

JUSQU'A L'ORIGINE DE LA NATIONALITÉ FRANÇAISE

ET

LES TEMPS DES ROIS MÉROVINGIENS

PAR

LE BARON DU TEIL

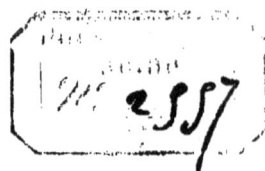

———— ⚜ ————

PARIS

IMPRIMERIE ÉMILE MARTINET

HOTEL MIGNON, RUE MIGNON, 2

1879

Je crois utile de faire précéder ce travail généalogique de quelques aperçus historiques qui en expliquent le sens et la portée, et déterminent le but pour lequel je l'ai entrepris ; j'ai étudié toute ma vie l'histoire politique et sociale de l'Europe, depuis la prédication de la religion chrétienne et la chute de l'empire romain, et j'ai été frappé, comme tous les hommes qui approfondissent les questions sociales, de l'intime liaison qui s'est produite entre le christianisme et les familles sénatoriales romaines ou royales des races indo-germaniques barbares.

Partout les premiers évêques, les saints et les Pères des Églises nationales étaient de descendance patricienne romaine, ou fils et collatéraux des rois et des chefs militaires ; et comme dans les dix premiers siècles de l'Église les évêques vivaient souvent mariés, ou ne prenaient les ordres qu'après l'avoir été, il s'ensuit qu'à l'établissement général du système féodal ce sont ces familles, déjà fort nombreuses, princières et épiscopales, qui se sont partagé le territoire sous la forme de fiefs viagers ou d'apanages héréditaires, et qui ont formé la véritable souche de la nation féodale, qu'aujourd'hui nous appelons l'ancienne noblesse de sang et d'armes, et dont les généalogistes ne veulent ou ne savent pas découvrir l'origine qu'ils nous disent cachée dans la nuit des temps.

Lorsque les nations sont relativement nouvelles par rapport à leur conversion au christianisme et à leur entrée dans la civilisation moderne, l'histoire nous apparaît plus claire et les faits nous frappent davantage ; nous trouvons facilement l'origine de la noblesse historique des Russes ou plutôt des anciens boyards de Moscovie dans la descendance directe et collatérale des Rurick.

Celle de la Hongrie, de la Pologne et de la Prusse orientale ou Lithuanie, dans les familles de Saint-Étienne, des Piastes et des Jagellons. Celle de la Prusse occidentale, dans l'ordre Teutonique et les chevaliers porte-glaive. Celle d'Angleterre, dans la conquête de Guillaume le Conquérant, la transplantation d'un certain nombre de maisons normandes, bretonnes et poitevines, et la reconnaissance de quelques collatéraux des rois anglo-saxons.

Mais en France, lorsque nos généalogies arrivent au xiie ou au xiiie siècle, on nous répond par la nuit des temps, et il arrive, comme pour un nombre considérable de familles normandes, que telle branche collatérale possède sa généalogie en Angleterre, parfaitement établie depuis la formation du terrier enregistré au *Domesday-Boock* en 1086, et que la branche principale restée en France peut à peine prouver depuis le xive siècle, et citer quelques membres isolés jusqu'au xiie, comme les Fitz Osbert, devenus comtes de Hereford en Angleterre, et inconnus ou douteux en France.

Aujourd'hui que les études historiques sont poussées dans notre pays aussi loin que partout ailleurs, il m'a paru nécessaire de rappeler que la part de la noblesse est complétement négligée : les historiens, pour des raisons politiques qu'il est facile à chacun d'apprécier, laissent de côté la question héréditaire des familles ; ils citent les noms des grands vassaux, des évêques, des seigneurs féodaux, mais toujours ceux de l'époque de laquelle ils s'occupent, sans jamais donner un éclaircissement, comme les historiens des autres nations, qui permette de voir comment se rattache une famille actuelle réputée très-ancienne à une maison souveraine ou suzeraine des premiers temps féodaux. Ce n'est pas juste pour la vérité historique et l'intelligence de notre état civil et social ; il nous devient beaucoup plus difficile de comprendre comment l'aristocratie la plus puissante et la plus riche de l'Europe du xiᵉ au xivᵉ siècle a pu arriver au xviiiᵉ à ne posséder que des titres et des priviléges dérisoires, sans puissance, sans raison d'être et par conséquent souvent ridicules, et comment encore ce reste de priviléges nominaux avait passé pour la plus grande part entre les mains des anoblis, de la bourgeoisie, des commis de finances et des employés des administrations publiques, déjà plus nombreux chez nous à la Révolution que chez aucun autre peuple.

Comme l'a dit très-justement M. Renan, nous n'avons pas d'histoire de la noblesse, et j'ajoute qu'elle ne peut être faite que par des historiens de premier mérite, en cherchant la descendance des hommes d'une haute notoriété authentique, à l'époque gallo-romaine ou à l'invasion des barbares, sans arrière-pensée de voiler les faits et de dissimuler une décadence progressive d'influence et de richesse que n'ont palliée ni les manteaux de ducs et pairs depuis Louis XIV, ni les pensions sur la cassette particulière des rois, ni les charges honorifiques et bien rétribuées qui ne faisaient qu'écarter davantage la noblesse de la direction active de la nation, et la sortir de son rôle historique et social.

Ces réflexions sont applicables à la véritable étude de la noblesse en ce qui concerne la France et son submergement sous les flots de la démocratie actuelle.

Mais il est une autre cause qui doit nous faire rechercher nos origines : c'est le devoir de réagir contre l'invasion des prétentions des noblesses des autres peuples qui, après nous avoir reconnu une supériorité d'ancienneté et de prépondérance jusqu'au règne de Louis XIV, en arrivent à nous dénier même le mérite du souvenir de suzeraineté indépendante, séculaire et nationale, pour nous faire tous rentrer dans une catégorie uniforme de courtisans des rois, d'anoblis et de titres modernes.

Notre descendance généalogique est cependant bien facile à établir en principe, sauf à en élucider les détails par des travaux spéciaux.

Depuis l'invasion des barbares, nous n'avons eu qu'une race nationale, celle des Mérovingiens, qui, en disparaissant, a laissé quelques branches collatérales, comme cela est établi pour les

Montesquiou ; mais ce serait vrai aussi, en se donnant la peine de le rechercher, pour les Armagnac, Béarn, Belzunce, Cognac anciens, Comminges anciens, Fezenzac, Jaubert, Luppé, Luzignan et La Rochefoucauld, Astorg, Aurillac, Carlat, Langeac, Lestrange, Murat, Saint-Nectaire, Usson et autres.

Notre seconde race royale est d'origine gallo-romaine, comme le confirme la suite de ce travail, et c'est pour cela qu'elle a laissé incomparablement plus de familles consanguines et de racines dans le pays qu'aucune des autres dynasties. Quant à ses descendants et à son sang de rois, ils sont sur le trône d'Autriche et il coule dans les veines d'une partie des maisons souveraines de l'Allemagne.

La liste qui suit la généalogie des Adhémar de Monteil donne une idée approximative de ses lignes collatérales de France.

Notre troisième race capétienne n'était ni d'origine royale, ni nationale, mais elle a régné huit cents ans, et, à ce titre, c'est la seule que nous connaissions bien et qui, avec nous, a créé la nation française ; elle a fourni quelques branches collatérales qui successivement ont occupé le trône, et son rôle absorbant vis-à-vis de la féodalité par alliances forcées, confiscations ou conquêtes, lui a donné, dès le xiie siècle, une position dominante sur les familles suzeraines, qui l'a mise hors de comparaison avec les autres races royales européennes ; c'est dans cinq siècles que les généalogistes de l'avenir auront à rechercher, dans toutes les positions, les innombrables descendants des familles régnantes de France, d'Espagne, des Deux-Siciles et de Parme en 1848. Les Courtenay en Angleterre et les Bourbon-Busset en France sont leurs seuls collatéraux reconnus.

Dans l'Ile-de-France et rayon de Paris, nous trouvons les noms des Montlhéry, Puysaye, Montmorency, Lévis Bouteiller de Sanlis, vicomtes de Beaumont-sur-Oise, Coucy, vicomtes de Melun, Clermont-en-Beauvoisis, Dammartin, Marle, Trie et autres.

L'origine de ces familles remonte évidemment à des branches collatérales ou naturelles des rois de Paris mérovingiens, ou des grands dignitaires des empereurs et rois carolingiens, puisque toutes sont suzeraines antérieurement aux Capétiens ou au plus tard contemporaines de Hugues Capet et de Robert, auxquels l'histoire ne donne pas de parents.

Beaucoup de familles du plateau central de la France descendent des Apollinaire, comme Alègre, Canillac, Chalençon, Chanaleilles, Montferrand, Polignac, Saint-Martial et autres.

Un nombre assez considérable sont de descendants ou collatéraux des Avitus, comme Apchon, Fay, Motier de La Fayette, Marlat, Montboissier, Montmorin, Roche-Lambert, Saignes, Saint-Avit, Saint-Chamans, La Tour-d'Auvergne, La Tour-du-Pin, etc., etc.

Au midi, Provence et Languedoc se trouvent les descendants de la famille royale Gothe-Balta, comme Arros ou Arrué, Amalric, Baux, La Barthe, comtes d'Auvergne, Foix, Manrique-Narbonne, Pelet, Pierre de Bernis, Castellane, Roquefeuille, et peut-être Villeneuve-Trans.

En Bretagne, les collatéraux et descendants de la race des anciens princes armoricains depuis ou antérieurs à Nomenoé, Judicaël et Conan, comme Porhoet et Rohan, Clisson, Malestroit, Coetivy, Coëtlogon, Léon, Lohéac, Kerhoent, Rosmadec, Rostrenen, etc., etc.

En Normandie, non la descendance directe de Rollon, qui s'éteignit promptement dans la race ducale devenue régnante en Angleterre, mais celle de ses oncles et cousins que l'histoire affirme l'avoir accompagné à son établissement en France, comme Harcourt, Gravillé, Grandmesnil, Martel, Malesherbes, Maubray, Varennes, Wismes, etc., etc.

En Flandre et en Lorraine, les collatéraux de la puissante maison des Pépin de Landen et des Carolingiens.

En Bourgogne, les collatéraux et fils naturels des quatre races qui furent successivement rois des Burgondes ou ducs de Bourgogne, de la souche royale de Gondicaire, mérovingienne, carolingienne ou capétienne, comme Broyes, Beaujeu, Brancion, Châlons, Château-Vilain, Coligny, Jaucourt, La Baume, Genève, Lanté, Luzi, Longwy, Montbelliard, Montagu, Rye de Varambon et de Lauberge, etc., etc.

En Dauphiné et en Savoie, des maisons de même origine que la Bourgogne, comme Albon, Alleman, Aynard ou Montaynard, La Chambre, Clermont-Tonnerre, Genève, encore Maurienne, et Savoie, Vienne, et des familles originaires d'Auvergne et de Languedoc, telles qu'Adhémar de Monteil et ses branches de Poitiers : Saint-Vallier, Carétat de Condorcet, etc., etc.

Enfin, dans toute l'ancienne Gaule romaine, d'assez nombreuses familles patriciennes et sénatoriales gallo-romaines, des premières converties au christianisme et en possession de siéges épiscopaux pendant les vi[e], viie, viiie et ixe siècles, comme les familles de Saint-Léger d'Autun, de Saint-Grégoire de Tours, de Saint-Didier de Vienne, les Montgommery de Normandie, issus de saint Godegrand, évêque de Seez en 760, et de sainte Opportune, sa femme, et beaucoup d'autres qu'il serait inopportun de relater dans cet aperçu.

Ce sont là les vraies origines de la grande féodalité française, d'où découlent toutes les familles secondaires qui sont connues historiquement par leurs généalogies en remontant leur ascendance jusqu'aux xiie et xiiie siècles, et les archives provenant des abbayes, fondées toutes par leurs auteurs, en fourniront les preuves lorsqu'on voudra les chercher, car c'est dans ces cartulaires que se trouve l'énumération des châteaux, villages, alleux et terres non encore bâtis, formant les grands fiefs qui, à chaque génération, allaient se divisant au profit des membres puînés et formèrent les noms de ces nouvelles nomenclatures de seigneurs et de chevaliers de la croisade des Albigeois, et des deux dernières expéditions de saint Louis, ainsi que les bans et monstres du règne de Philippe le Bel, qui commencent le point de départ ordinaire des généalogistes.

En écrivant une histoire de la noblesse de France sur ces bases.

on reconnaîtra combien ses sources sont nationales et représentent l'ensemble de tous les éléments de la nation actuelle, que les
fléaux, les guerres civiles ou de religion, les envahissements
étrangers ont pesé également sur tous, et que les rois despotiques
de la race capétienne, en commençant à Philippe le Bel et en
continuant par Louis XI, Louis XIII et Louis XIV, n'ont détruit
que la noblesse, à leur profit apparent d'abord et à celui de la
bourgeoisie et du peuple ensuite, et que les fortunes de cour,
obtenues par quelques familles de sang français sous Louis XIV
et Louis XV, c'est-à-dire pendant cent vingt ans, n'ont été que
l'achèvement moral de ce qui restait d'influence militaire ou ter-
ritoriale à la véritable féodalité et noblesse nationale.

Une histoire impartiale et exacte des familles françaises ne doit
être entreprise ni par province ni par liste nominale en suivant
un ordre alphabétique, mais par descendance directe et collatérale
du premier ancêtre reconnu authentiquement, soit patricien
gallo-romain, soit chef d'un peuple barbare, et en suivant cette
descendance dans toutes ses vicissitudes et ses exils volontaires
ou forcés, on accompagnerait Ecdicius, fils de l'empereur romain
auvergnat Avitus, dans son expatriation à Constantinople ; on con-
naîtrait l'établissement de beaucoup de croisés français dans les
montagnes du Liban et du Taurus, la permanence en Angleterre
de familles provençales et dauphinoises depuis Guillaume le
Conquérant et après le mariage d'Henri III avec la princesse
Élénore de Provence, la transplantation de beaucoup de familles
languedociennes en Espagne après la croisade des Albigeois,
l'énorme émigration du Languedoc, de la Provence, du Dauphiné
et de la Champagne en Prusse après la révocation de l'édit de
Nantes, et on saurait enfin quels sont les membres de nos grandes
maisons qui pour cause de religion ont été condamnées à ramer
sur les galères de la Méditerranée ; tout cela serait instructif au
plus haut degré, et nous donnerait la mesure de la reconnaissance
que nous devons aux rois.

Voilà le fond vrai d'une question que personne n'a encore voulu
étudier scientifiquement, et qui seule donne la clef de notre position indécise dans le concert des nations ; nous ne pouvons plus

compter parmi les aristocraties, parce que tous nos éléments, moins
les souvenirs et les noms ont disparu, et nous ne pouvons arriver
à former seuls en Europe une démocratie homogène et vigou-
reuse, parce que jusqu'à présent nos révolutions successives et
hésitantes ne donnent à aucun peuple le désir de nous imiter, et
que notre démocratie est composée en grande partie d'éléments
descendus et non pas ascendants.

Dans la démocratie américaine, c'est la populace européenne
qui par l'instruction, une certaine éducation et l'acquisition du
bien-être, tend à former une aristocratie.

En France, au contraire, c'est la noblesse appauvrie, l'ancienne bourgeoisie et la classe des employés qui, depuis deux
siècles (par suite des longues guerres de Louis XIV, de la révocation de l'édit de Nantes et des dragonnades, de la perte des
fortunes, des misères du règne de Louis XV, de la Révolution,
des guerres de l'Empire, des bouleversements successifs et du
manque d'instruction qui a été la conséquence de toutes ces
causes), sont devenues le foyer des idées révolutionnaires et
la fausse apparence de notre démocratie, qui est avant tout
envieuse et dangereuse parce qu'elle n'est pas le peuple du
travail.

Ce n'est pas la Révolution et encore moins la nation qui ont
détruit notre noblesse : ce sont nos rois, et surtout les Bourbons,
et voilà pourquoi les autres peuples européens, où rois, noblesse
et peuple se sont civilisés sans se détruire, simultanément et
d'accord, en recevant graduellement la liberté d'abord, l'égalité
naturelle et juste ensuite, et une plus grande moyenne d'instruction, nous regardent avec méfiance et ne sentent pas le besoin de
nous suivre dans nos démolitions sociales.

C'est à ce point de vue surtout qu'une histoire de la noblesse
française serait utile à écrire pour l'instruction de tous et la recti-
fication des faits ; ce qui reste de gentilshommes de race appren-
drait que leurs ancêtres ont par-dessus tout connu le devoir
envers leurs suzerains ou leur pays, et que ce devoir les a souvent obligés à sacrifier vies et fortunes ; de là pour eux décadence
et ruine ; et que le jour où leurs pères ont changé leur indépen-

dance pour les honneurs et les hochets de cour, ils ont abdiqué leur rang social.

Le peuple se convaincrait enfin que les idées de liberté et de relèvement moral de l'homme sont émanées de la noblesse et ont été répandues par elle, et que pour un Jourdain de l'Isle ou un comte de Retz, surnommé Barbe-Bleue, elle a fourni cent saint Vincent de Paul qui ont su prêcher l'égalité d'exemple, ce que n'ont encore fait ni les grands meneurs de la Révolution, ni les coryphées de la Commune.

Ceci est écrit à Guatemala, en dehors de toute possibilité de recherches scientifiques ; aussi je réclame l'indulgence des hommes qui peuvent juger mon travail, et je n'espère qu'attirer l'attention de nos historiens sur une partie très-importante de nos études nationales, qui mérite de fixer les travaux des savants et de sortir de l'obscurité.

BARON DU TEIL.

Guatemala, 19 mars 1878.

ÉTYMOLOGIE HISTORIQUE

DU NOM DE

MONTEIL ET DE TEIL

PORTÉ PAR LA VILLE DU DAUPHINÉ, QUI FUT LE CHEF-LIEU
DE L'APANAGE DONNÉ PAR

L'EMPEREUR CHARLEMAGNE

A SON COUSIN

GIRAUD HUGUES ADHÉMAR

VERS L'AN 812, APRÈS L'EXPÉDITION DE CORSE, EN RÉCOMPENSE DE SES SERVICES

L'histoire de saint Paterne, l'un des apôtres les plus connus
et accrédités de l'Angleterre, né à Vannes, en Bretagne, vers 480,
donne l'idée d'une première étymologie qui a quelques fonde-
ments. Elle dit que ce saint, après avoir évangélisé en Angleterre
et visité son père qui s'était retiré en Irlande, embrassa l'état
monastique et fit vers l'an 510 un pèlerinage en Palestine, où le
patriarche de Jérusalem Jean III le consacra évêque. Il était
accompagné dans ce voyage par *saint Teil (Telio dans le texte
espagnol)* et par saint David de Menève.

Cette histoire dit que les trois saints revinrent en Europe,
mais elle ne parle pas de saint Teil comme ayant cathéchisé en
Angleterre ; on pourrait donc présumer qu'il n'était pas compa-
triote de saint Paterne et de saint David ; qu'il abandonna ses
compagnons en Languedoc au retour, et qu'ayant évangélisé dans
ce pays, son nom fut donné en mémoire de ses vertus au village

de Monteil ou du Teil sur les bords du Rhône, et à celui de Monteils ou de Teils près Albi, dont l'origine est aussi fort ancienne. Je n'ai pu découvrir si la vie de saint Teil avait été recueillie et je n'ai trouvé son nom que dans cette seule légende, très-authentique à cause de l'éclat de saint Paterne et de saint David de Menève Angleterre.

Henri Martin dit aussi (*Histoire de France*, t. Ier, p. 75) que les Massaliotes avaient donné au territoire d'Arles le nom de Théline (la nourricière, de θηλή mamelle); ce serait encore une étymologie plausible si on considère que la seigneurie de Monteil s'étendait d'Orange jusqu'auprès de Valence, et que le point déterminé de Monteil pouvait avoir seul gardé le nom générique massaliote dans les changements qu'apportèrent les Romains à toutes les désignations des villes de la province.

Enfin Ménard, dans son *Histoire de Nismes*, donne la clef d'une étymologie encore plus probable. Il cite la ville d'*Anatilia*, située dans la partie de la Gaule narbonnaise, à la gauche et sur les bords du Rhône, à l'endroit même où est le château de Mornas, entre Orange et le Pont-Saint-Esprit, près de Mondragon. Cette ancienne ville, dit-il, appartenait avant César aux Volsces Arécomiques et était la capitale d'une tribu de ce peuple auquel Pline donne le nom d'*Anatilii*.

La présence simultanée d'Anatilia à Mornas, du château du Teil en face de Montélimar, de la montagne du Puy du Teil au-dessus de Nîmes, de la forêt de Teillan et du village de Monteils dans les environs, et du village aussi très-ancien de Monteils et de Teils indifféremment près d'Albi, donne bien lieu de conjecturer que tous ces noms sont dus à l'occupation de l'ancienne peuplade gauloise des Anatilii et ont ce nom pour radical.

Quoi qu'il en soit, ces étymologies prouvent toutes l'ancienneté d'un nom qui, à une époque très-reculée, s'est détaché d'une manière très-nette, et me paraissent beaucoup plus rationnelles que celle de Bouillet dans son ouvrage sur la noblesse d'Auvergne, qui donne au nom de Teil la signification de tilleul en patois d'Auvergne, parce que le tilleul n'est pas un arbre de Languedoc ni de Provence, et que c'est là seulement que se trouve le nom de

Teil ou Teils attaché à un lieu habité dès les vII^e et vIII^e siècles, et plus tard dans les documents historiques l'érection du fief seigneurial et souverain de Monteil par l'empereur Charlemagne en faveur de son cousin Adhémar, dont la descendance s'est continuée simultanément par les Adhimari de Florence, Adhémar de Monteil, comtes d'Orange et princes souverains de Monteil, Adhémar de Monteils et Teils, de Catalogne, et Adhémar, premiers sires de Bourbon.

HISTOIRE GÉNÉALOGIQUE

DE LA MAISON

ADHÉMAR DE MONTEIL

ET DE SA BRANCHE DU TEIL

DEPUIS LE Vᵉ SIÈCLE DE L'ÈRE CHRÉTIENNE

Tronc principal de toutes les branches indiquées ci-après, ou des familles
non encore recherchées qui en descendent.

TONANTIUS FERRÉOL, relaté par tous les historiens, doit sa
notoriété historique à sa grande position personnelle et à ses
relations avec Sidoine Apollinaire, son beau-frère, qui en a parlé
dans tous ses ouvrages.

Ferréol fut préfet du prétoire des Gaules vers l'an 450, et
en 469 il fut député à Rome pour présenter et soutenir l'accusation
formée contre Arvandus, préfet du prétoire des Gaules, accusé de
vexations et concussions. Il avait épousé Industria ou Deuteria,
fille de l'empereur Avitus et sœur de Papianilla, femme de Sidoine
Apollinaire.

Sa résidence habituelle était dans son château de Prusiane près
Nîmes; mais il alla mourir dans celui de Trévidon sur les bords
du Tarn et du côté d'Albi.

Ses petits-fils furent *Ansbert, sénateur d'Austrasie*, qui
commence la descendance directe, et *Peonius* ou *Eonius, comte
d'Auxerre*, père du célèbre *Eonius Mummolus, patrice de Provence, gouverneur d'Avignon et seigneur de Lille en Venaissin*,
selon le Père Fantoni, qui commanda victorieusement les armées
de Gonthran, roi de Bourgogne en 576, pendant les guerres civiles

de Brunehaut et de Frédegonde; c'est une de nos grandes illus-
trations nationales et la tige de quelques-unes des familles qui
terminent ce volume. Sidoine Apollinaire cite plusieurs bibliothèques particulières dans la Gaule, et il entre surtout dans des
détails curieux sur celle que possédait son beau-frère, le préfet
Tonantius Ferréol, dans sa maison de Prusiane située sur les bords
du Gardon près Nîmes. Cette bibliothèque, où se trouvaient un
grand nombre d'auteurs latins et d'écrivains grecs traduits en
latin, était partagée en trois divisions : l'une destinée aux femmes,
la deuxième aux littérateurs de profession, la troisième au vulgaire
des lecteurs (voy. l'épitre IX, livre II, édition de 1652).

Prusiane était à l'endroit où s'élève aujourd'hui le village de
Bresis dans le territoire d'Alais (MÉNARD, *Histoire de Nismes*).

PREMIER ASCENDANT

Ansbert, petit-fils de Tonantius Ferréol, que les chroniques de
Flandres qualifient de sénateur d'Austrasie, vivait en 550; il
épousa *Blithilde*, fille de Clotaire Ier, roi de France, de la race
mérovingienne, et ces deux faits sont confirmés par Michelet dans
son *Histoire de France*. Il eut de son mariage Bodegisile ou Boggis
et Hernan.

DEUXIÈME ASCENDANT

Bodegisile ou *Boggis*, *fils d'Ansbert et de Blithilde*, fille de
Clotaire Ier, vivait en 580; il épousa, au château de Lay, diocèse
de Tulle, une femme de nation suève, et fut père de saint Arnulf,
évêque de Metz, depuis lequel l'histoire donne authentiquement
une descendance avérée.

TROISIÈME ASCENDANT

Saint Arnulf, évêque de Metz avant 628. Arnulf remplit des
charges considérables auprès de Théodebert II, roi d'Austrasie; il

se distingua dans les guerres du temps, et le roi, reconnaissant de ses services, lui donna le gouvernement de six maisons de son domaine dans les six provinces d'Austrasie.

Depuis il fut élu évêque de Metz vers 612, et lorsque Clotaire II donna à son fils le royaume d'Austrasie, il mit Arnulf près de sa personne pour l'aider de ses conseils et l'habituer au gouvernement de ses États.

Saint Arnulf assista au concile général de Paris de 614, où il fut décidé que la nomination des évêques n'appartenait pas au roi, mais qu'ils devaient être élus par le métropolitain, ses évêques suffragants, le clergé, le peuple de la ville, et cela gratuitement. Plus tard il prit part au concile de Rheims de 625, présidé par l'archevêque Sonacius, où furent confirmés les canons du concile de Paris de 614 (*Diccionario portatil de los concilios*, por Francisco Perez Pastor. Madrid, 1771).

Le désir qu'il avait de se retirer dans la solitude lui fit abandonner son évêché, et il vint vivre dans les montagnes désertes des Vosges, après la mort du roi Clotaire II en 628, où il passa le reste de ses jours et mourut le 16 août 640.

Avant de se consacrer au service de Dieu, Arnulf avait été marié avec Doda, qui se fit religieuse à Trèves ; il en avait eu deux fils, Clodulf et Anchise.

QUATRIÈME ASCENDANT

Anchise, leude de Sigebert II, surnommé le Jeune, roi d'Austrasie. — Il fut tué dans une querelle par Godwin en 679 ; il avait été marié avec Begga, fille de Pépin de Landen le Vieux, maire du palais d'Austrasie, laquelle, fonda le monastère d'Ardenne en 680, où elle se retira et mourut douze ans après.

De ce mariage vint Pépin. Pépin de Landen avait eu un fils nommé Grimoald, qui hérita de tous ses immenses domaines de la Belgique ; mais ce fils unique ayant été tué à Paris par les ordres de Clovis, roi de Neustrie, en 658, pour venger la mort du fils de Sigebert, toute la puissance de la maison de Landen fut transportée avec son héritage à son petit-fils Pépin d'Héristal, et c'est pour cela que généralement on s'est habitué à considérer les Carolingiens comme de souche allemande ou franque austrasienne, lorsque au contraire, par son grand-père paternel saint Arnulf, Pépin d'Héristal était pur Aquitain.

Les histoires de Belgique où Pépin de Landen avait toute sa puissance donnent les preuves les plus authentiques sur cette substitution de sa race par celle de saint Arnulf Aquitain, et entre autres celle de Moke.

Les historiens, Michelet entre autres, parlent encore de Martin, frère de Pépin d'Héristal, qui gouverna conjointement avec lui, trempa dans la mort de Dagobert II et fut lui-même assassiné par l'ordre d'Ébroïn peu de temps avant la mort de celui-ci et la bataille de Testry, en 691, c'est-à-dire vers 688; il doit être la souche d'autres familles.

CINQUIÈME ASCENDANT

Pépin, duc et prince des Francs, surnommé le Gros ou *d'Héristal*, battit l'armée de Thierry Ier, roi de France, à la bataille de Testry, en 691, s'empara du gouvernement et fut nommé maire du palais.

Il vainquit Ratbod, duc des Frisons, en 707, remporta plusieurs victoires sur les Allemands et mourut le 16 décembre 714, après avoir gouverné la France pendant plus de vingt-sept ans.

Il s'était marié d'abord avec Plectrude, puis il eut pour femme ou concubine Alpaïde, de très-grande naissance aussi, qui se retira dans un monastère de religieuses qu'elle avait fondé à Orps-le-Grand, en Brabant, où elle mourut.

Du premier mariage naquirent :

1° Drogon ou Dreux, qui fut nommé par son frère duc de Champagne vers l'an 698 et qui mourut en 708. Il s'était marié avec Anstrude, veuve de Berthaire, maire du Palais d'Austrasie, et fille de Waraton, aussi maire du palais, et il en eut : Arnulf, arrêté par ordre de Charles Martel en 723 et mort dans sa prison la même année; et Hugues, archevêque de Rouen et abbé de

Jumiéges et de Saint-Vandrille, aussi arrêté par ordre de Charles Martel en 723 et mort le 8 avril 730.

2° Grimoald, nommé ainsi en mémoire de son oncle Grimoald de Landen, maire du palais des rois Childebert II et Dagobert III, assassiné dans l'église de Saint-Lambert de Liége au mois d'avril 714, sans laisser de postérité de Teutsende ou Théodosinde, fille de Ratbod, duc des Frisons. Il eut un fils naturel nommé Thibaud, maire du palais du roi Dagobert III, mort en 741.

Du second mariage de Pépin d'Héristal naquirent :

3° Charles, surnommé Martel, duquel descend la race royale carolingienne.

4° *Childebrand, compagnon de Charles Martel dans toutes ses guerres, et souche des familles dont l'historique suit.*

Herstal, aussi appelé Heristel ou Haristal, dont Pépin, duc des Francs, prit le nom, est un lieu situé près de Liége sur les bords de la Meuse. On croit que Pépin le Bref, roi de France, y naquit ; mais dans tous les cas ce fut sa résidence de prédilection, et il y éleva un très-beau château où il vivait d'ordinaire. Plusieurs de ses successeurs suivirent son exemple, et il existe beaucoup de lettres et de chartes datées d'Héristal, entre autres du roi Charles le Simple.

Les Normands détruisirent le château, et ce lieu redevint un simple village qui conserva seulement le nom de son antique splendeur. Après les rois carolingiens, Héristal fit partie du duché de Basse-Lorraine, et il appartint successivement aux maisons de Lorraine, de Flandre et de Nassau, restant toujours dans la descendance de la maison de Bavière carolingienne.

Au xviii° siècle, les rois de Prusse, comme héritiers en partie de la maison Nassau-Orange, élevèrent des prétentions sur la terre d'Héristal ; mais les habitants, redoutant une guerre, leur payèrent 150 000 écus pour leur renonciation à ces prétentions. Aujourd'hui Héristal est un bourg de huit mille habitants, et son église dédiée à saint Charlemagne a été rebâtie en 1677.

Notes sur les ascendants précédents tirées de l'*Histoire de France* de Michelet
(tome Ier, page 274).

Les Mérovingiens entrent dans l'Église malgré eux, les Carolingiens volontairement. La tige de cette dernière famille est l'évêque de Metz, Arnulf, qui a son fils Clodulf pour successeur dans cet évêché.

Le frère d'Arnulf est abbé de Bobio; son petit-fils est saint Vandrille. Toute cette famille est étroitement unie avec saint Léger. Le frère de Pépin le Bref, Carloman, se fait moine au mont Cassin; ses autres frères sont archevêque de Rouen, abbé de Saint-Denis. Les cousins de Charlemagne, Adhalrad, Wala, Bernard, sont moines; le concile d'Attigny, où se trouve Louis le Débonnaire avec les grands du royaume et ses frères Hugues, Drogon et Théodoric, fut tenu au sujet des persécutions que cet empereur avait exercées contre son neveu Bernard, roi d'Italie, et les abbés Adhalard et Wala frères, ses cousins; il fut condamné à une pénitence publique; un frère de Louis le Débonnaire, Drogon, est évêque de Metz; trois autres de ses frères sont moines ou clercs.

Le grand saint du Midi, saint Guillaume de Toulouse, est cousin et tuteur du fils aîné de Charlemagne. Ce caractère ecclésiastique des Carolingiens explique assez leur étroite liaison avec le pape et leur prédilection pour l'ordre de Saint-Benoît.

Arnulf était né, dit-on, d'un père aquitain et d'une mère suève. Cet Aquitain nommé Amsbert aurait appartenu à la famille des *Ferreoli* et eût été gendre de Clotaire Ier.

Cette généalogie semble avoir été fabriquée pour rattacher les Carolingiens, d'un côté à la dynastie mérovingienne, et de l'autre à la maison la plus illustre de la Gaule romaine. (Le moine Egidius, dans ses additions à l'*Histoire des évêques d'Utrecht*, composée par l'abbé Harigère, dit que Bodegisile ou Boggis, fils d'Ansbert, possédait cinq duchés en Aquitaine.)

D'après cette généalogie, les guerres de Charles Martel et de Eudes, de Pépin et d'Hunald auraient été des guerres de

parents; quoi qu'il en soit, je croirais aisément, d'après les fré-
quents mariages des familles austrasiennes et aquitaines, que les
Carolingiens ont pu, en effet, sortir d'un mélange de ces races
(voy. l'importante charte de 845, *Hist. du Lang.*, I, preuves, etc.).
Les ducs d'Aquitaine Boggis et Bertrand épousèrent les
Austrasiennes Ode et Bhigberte. Eudes, fils de Boggis, épousa
l'Austrasienne Waltrude. Ces mariages donnèrent occasion
à saint Hubert, frère d'Eudes, de s'établir en Austrasie sous la
protection de Pépin et d'y fonder l'évêché de Liége.

Cette maison épiscopale de Metz (trois évêques, Arnulf, Clodulf et Drogon, en un siècle et demi) réunissait deux avantages
qui devaient lui assurer la royauté. D'une part, elle tenait étroitement à l'Église ; de l'autre, *elle était établie* dans la contrée la
plus germanique de la Gaule.

Tout, d'ailleurs, la favorisait. La royauté était réduite à rien,
les hommes libres diminuaient de nombre chaque jour. Les
grands seuls, leudes et évêques, se fortifiaient et s'affermissaient.
Le pouvoir devait passer à celui qui réunirait les caractères de
grand propriétaire et de chef des leudes.

Il fallait de plus que tout cela se rencontrât dans une grande
famille épiscopale, dans une famille austrasienne, c'est-à-dire
amie de l'Église, amie des barbares. L'Église qui avait appelé les
Francs de Clovis contre les Goths devait favoriser les Austrasiens
contre la Neustrie, lorsque celle-ci, sous un Ébroïn, organisait
un pouvoir laïque, rival de celui du clergé (MICHELET, *Éclaircissements*, t. I, p. 465).

Au ve siècle, l'Auvergne se trouva placée entre les invasions du
Midi et du Nord, entre les Goths, les Burgondes et les Francs.
Son histoire présente alors un vif intérêt : c'est celle de la der-
nière province romaine.

Sa richesse et sa fertilité étaient pour les barbares un puissant
attrait. Childebert disait : « Quand verrai-je cette belle Limagne ? »
Theuderic disait aux siens : « Suivez-moi en Auvergne, et je vous
conduirai dans la patrie de l'or et de l'argent où vous pourrez
puiser.

Les barbares alliés de Rome n'épargnaient pas non plus l'Auvergne dans leur passage. Les Huns auxiliaires de Litorius la traversèrent en 437 pour aller combattre les Wisigoths et la mirent à feu et à sang. L'avénement d'un empereur auvergnat, en 455, lui laissa quelques années de relâche. Avitus fit la paix avec les Wisigoths ; Théodoric II se déclara l'ami et le soldat de Rome ; mais à la mort de Majorien il rompit le traité et prit Narbonne ; dès lors l'Auvergne vit arriver et monter rapidement le flot de la conquête barbare, et bientôt Clermont, la cité des Arvernes, l'antique Gergovie, surnagea seule, isolée sur sa haute montagne.

Ainsi livrée à elle-même, abandonnée des faibles successeurs de Majorien, l'Auvergne se défendit héroïquement sous le patronage d'une puissante aristocratie. C'était la maison d'Avitus avec ses deux alliées, la famille des Apollinaires et des *Ferréols* ; toutes trois cherchèrent à sauver leur pays en unissant étroitement sa cause à celle de l'empire.

Aussi les Apollinaires occupaient-ils dès longtemps les plus hautes magistratures de la Gaule ; Sidonius lui-même, ainsi que *Tonantius Ferréol*, épousa une fille de l'empereur Avitus et fut préfet de Rome sous Anthénius.

Tous ils employèrent leur puissance à soulager leur pays accablé par les impôts et la tyrannie des gouverneurs. En 469, *Tonantius Ferréol* fit condamner le préfet Arvandus qui entretenait des intelligences avec les Goths. *Ferréol avait lui-même administré la Gaule et diminué les impôts.*

Avitus dans sa jeunesse avait été député par l'Auvergne à Honorius pour obtenir une réduction d'impôts. Sidonius dénonça et fit punir en 471 Seronatus, qui opprimait l'Auvergne et la trahissait comme Arvandus.

Ecdicius, le fils d'Avitus, fut le héros de l'Auvergne ; il la nourrit pendant une famine, leva une armée à ses frais, et combattit contre les Goths avec une valeur presque fabuleuse ; il leur opposait les Burgondes et attachait la noblesse arverne à la cause de l'empire en l'encourageant à la culture des lettres latines.

En 472, le roi des Goths, Euric, avait conquis toute l'Aquitaine à l'exception de Bourges et de Clermont. Ecdicius put prolonger quelque temps une guerre de partisans dans les montagnes et les gorges de l'Auvergne (Renaud, selon la tradition, n'osa entrer dans l'Auvergne, et se contenta d'en faire le tour ; sans doute, comme plus tard au temps de Louis le Gros, les Auvergnats abandonnèrent les châteaux pour se réfugier dans leur petite mais imprenable cité). Sidoine en était alors évêque ; il instituait des prières publiques pour repousser ces Ariens.

On a vu qu'Ecdicius repoussa les Goths ; l'hiver les força à lever le siége ; mais en 475 l'empereur Nepos fit la paix avec Euric et lui céda Clermont. Sidonius s'en plaignit amèrement. Ecdicius ne voyant plus d'espoir s'était retiré auprès de l'empereur avec le titre de patrice.

Euric relégua Sidoine dans le château de Livia, à douze milles de Carcassonne, mais il recouvra la liberté en 478, à la prière d'un Romain, secrétaire du roi des Goths, et il fut rétabli dans le siége de Clermont ; lorsqu'il mourut, ce fut un deuil public.

Malgré la conquête d'Euric, les Arvernes durent jouir d'une certaine indépendance. Alaric, il est vrai, les enrôle dans sa milice pour combattre à Vouglé, 507 ; mais on les voit pourtant élire successivement pour évêques deux amis des Francs, deux victimes des soupçons des Ariens, Burgondes et Goths : en 484, Apruncule, dont Sidoine mourant avait prédit la venue, et saint Quintien en 507, l'année même de la bataille de Vouglé.

Les grandes familles de Clermont conservèrent aussi sans doute une partie de leur influence. On trouve parmi les évêques de Clermont un Avitus qui fut élu par l'assemblée de tous les Arvernes et fut très-populaire. Un autre Avitus est évêque de Vienne. Un Apollinaire fut évêque de Rheims. Le fils de Sidonius fut évêque de Clermont après saint Quintien ; c'était lui qui avait commandé les Arvernes à Vouglé : *Ibi tunc Arvernorum populus, qui cum Apollinare venerat, et primi qui erant ex senatoribus, corruerunt.*

De ce passage et de quelques autres encore on pourrait induire que cette famille avait été originairement à la tête des clans arvernes, qui étaient les Helvii en Vivarais, les Velauni en Velay, les Gabali en Gévaudan, les Rutheni en Rouergue, les Nitiobriges en Agénois et les Cadurci en Quercy.

Les Avitus semblent n'avoir pas été moins puissants. Leur terre portait leur nom, Avitacum. Sidoine en donne une longue et pompeuse description; Ecdicius, le fils d'Avitus, semble être entouré de dévoués. Le nom même d'Apollinaire indique peut-être une famille originairement sacerdotale.

Le petit-fils de Sidonius, le sénateur Arcadius, appela en Auvergne Childebert, au préjudice de Theudéric, préférant sans doute sa nomination à celle de l'ami de saint Quintien, du barbare roi de Metz. Saint Avitus, évêque de Vienne, présida le concile d'Épône en 517, où il était accompagné entre autres de son frère saint Apollinaire, évêque de Valence, de saint Grégoire, évêque de Langres, grand-père de saint Grégoire de Tours et de saint Pragmacius, évêque d'Autun; il se plaint de la cessation des conciles et dit que le pape l'en a réprimandé.

Un Ferréol était évêque de Limoges en 585. Un Ferréol occupa le siége d'Autun avant saint Léger; on sait que la généalogie des Carolingiens se rattache aux Ferréols. Un capitulaire de Charlemagne contient des dispositions favorables à un Apollinaire, évêque de Riez (Riez même s'appelait Reii Apollinares). Peut-être les Arvernes eurent-ils grande part à l'influence que les Aquitains exercèrent sur les Carolingiens. Raoul Glaber attribue aux Aquitains et aux Arvernes le même costume, les mêmes mœurs et les mêmes idées.

Toutes les parentés des premiers Pères de l'Église française entre eux sont aussi parfaitement établies par l'*Histoire de l'Église*, de Receveur, ouvrage très-estimé et traduit en plusieurs langues.

Les Apollinaire se sont continués jusqu'à nos jours par les Alègre, les Chalençon, les Chanaleilles, les Polignac, etc., etc. Le château de Polignac est resté dans la famille depuis les plus anciens comtes de Velay.

Quant à la race des Avitus, elle existe, selon moi, dans les Apchon, Fay, Motier de La Fayette, Montboissier, Montmorin, Saignes, La Tour-d'Auvergne et La Tour-du-Pin.

SIXIÈME ASCENDANT

Childebrand, fils de Pépin d'Héristal et d'Alpaïde et frère de Charles Martel. Il commandait l'avant-garde des Francs lorsque les Sarrazins furent repoussés sous les murs d'Avignon par Charles Martel en 737, et l'accompagna dans toutes ses expéditions (voy. l'*Histoire* de Henri Martin, t. II, p. 284). Sismondi, qui regarde Charles Martel comme le héros épique de la race carolingienne, déplore que les anciens écrivains n'aient pas laissé plus de renseignements sur son entourage et particulièrement sur Childebrand, qui fut son bras droit dans toutes ses guerres.

Le P. Fantoni, qui donne les mêmes détails sur Childebrand, ajoute cependant (*Histoire d'Avignon*, t. II, p. 262) que Charles Martel réunit une assemblée de barons en 740 et qu'il y fit le partage de ses États, donnant à Pépin le Bref, son second fils, le royaume de Neustrie avec la Bourgogne et la Provence, et qu'il l'envoya prendre possession accompagné de son oncle Childebrand et d'un corps d'armée; ceci est rapporté par Aimoin, d'après l'anonyme et l'appendice de Grégoire de Tours. Charles Martel mourut quelques mois après, en 741, ce qui fait voir que Childebrand lui survécut.

SEPTIÈME ASCENDANT

Nebelond, fils de Childebrand, mourut jeune très-probablement, car son nom ne figure pas dans les événements de l'époque, et il n'est rapporté aux généalogies de la maison carolingienne que comme père de Théodebert, dont la descendance semble reparaître dans les anciens comtes de Provence et de Lambert Adhémar.

HUITIÈME ASCENDANT

Lambert Adhémar, comte de Gênes, auquel l'empereur Charlemagne confia son jeune fils Pépin, roi d'Italie, le chargeant de l'assister de son expérience et de ses conseils. Il attaqua les Sarrazins dans l'île de Corse, et l'historien Cantu, dans son *Histoire universelle*, t. VIII, p. 302, dit qu'il y périt en combattant en 799. On trouve dans Louvet, *Histoire de Provence*, qu'il avait épousé Marie de Bourgogne et en eut deux fils, Giraud-Hugues et Hugues.

NEUVIÈME ASCENDANT

Giraud-Hugues-Adhémar de Monteil, fils de Lambert Adhémar et de Marie de Bourgogne, recommença l'expédition de Corse en 810 par les ordres de Charlemagne, battit les Sarrazins et les chassa de l'île. En récompense il fut créé duc de Gênes et seigneur souverain de Monteil.

Lafuente, dans son *Histoire d'Espagne*, t. III, p. 203, le cite parmi les comtes de la Marche d'Espagne auxquels Charlemagne adressa un capitulaire daté du 4 des nones d'avril de l'an 44e de son règne en France et 12e de l'empire, pour leur faire part des plaintes qui lui avaient été adressées contre eux par les réfugiés espagnols. Il était, d'après Lafuente, comte de Gérone ou de Barcelone avant Béra, qui ne fut nommé comte de Barcelone que par Louis le Débonnaire en 831, et ce titre explique le partage fait par ses fils à Barcelone le 6 juin 830 qui suit, mais dont la charte, fournie par le cartulaire de Montélimar de l'abbé Chevalier, est réputée fausse.

Ce fut lui qui en 815 apporta à Louis le Débonnaire le rapport que Bernard, fils de Pépin et roi d'Italie, avait été chargé de faire sur les intrigues du pape qui avait voulu usurper sur l'autorité judiciaire de l'empereur à Rome.

Giraud-Hugues eut pour frère Hugues-Adhémar, religieux de l'ordre de Saint-Benoît et chapelain de l'empereur Charlemagne. Il écrivit une histoire de France qu'Aimoin transcrivit et incorpora dans la sienne, comme il l'avoue lui-même au livre IV. Il figure aussi à cette époque un parent de Giraud-Hugues, Guillaume au court nez, comte d'Orange, qui fut tué, avec Vivien son frère ou neveu, à la bataille d'Arlescamp, livrée aux Sarrazins dans le beau cimetière historique d'Arles. Tous deux sont donnés dans la légende et dans le poëme chanté sur la bataille d'Arlescamp au xiii° siècle comme neveux de Charlemagne, et on voit par le partage de famille qui suit que le château d'Orange entra dans la part de Giraud-Adhémar.

Giraud–Hugues avait épousé Brigitte d'Albret, de qui il eut quatre fils.

De cette souche et de cette époque datent les *Adhimari* de Florence, qui ont joué un des plus grands rôles dans cette ville comme partisans des Guelfes (voy. le Dante et toutes les histoires italiennes).

Voici où se trouve la lacune qui jusqu'à présent a divisé les généalogistes pour savoir si les Adhémar de Monteil se rattachent aux ducs de Gênes, comme l'ont cru et assuré Guy Allard dans son *Nobiliaire du Dauphiné*, Jacques de Bergame dans ses *Chroniques* imprimées à Venise en 1522, Duclos dans l'*Histoire de Louis XI*, Odon de Gissey dans les *Révolutions de Gênes*, Féron, Chenu, Nogué et Sleidan, qui tous parlent de la maison d'Adhémar comme des premiers souverains de l'État de Gênes, de la principauté d'Orange, de la baronnie de Grignan et de la ville de Montélimar ; ou si au contraire, d'après l'avis de Pithon Curt et de l'abbé Chevalier, auteur du cartulaire de Montélimar, il faut rejeter comme fausses les six chartes datées, du 3 mai 790, de Toulouse ; — du 6 juin 830, de Barcelone ; — du 25 janvier 833, du château de Saint-Saturnin de Portes, diocèse d'Uzès ; — du 21 mars 1095, de l'église de Sainte-Croix de Montélimar ;— des 21 et 22 septembre 1099, de l'église de Sainte-Croix de Montélimar ; — du 22 février 1161, aussi de Montélimar, et ne considérer les Adhémar de Monteil que comme tombés du ciel en Dauphiné dans la personne de Giraud Adhémar, comte d'Orange en 980, puisqu'à partir de cette date Pithon Curt, Bouche et tous les généalogistes admettent la filiation.

Il paraît évident, par les termes de leur teneur, que ces chartes sont en effet fausses, mais peut-être ont-elles été rédigées, trois ou quatre siècles après leur date apparente, pour essayer de remplacer des titres authentiques perdus ou détériorés, dont il restait des souvenirs ou des traces; au moins l'examen de ces chartes ne laisse pas apercevoir l'intérêt de commettre un faux, comme pour les fausses décrétales des papes, et le travail historique qui suit répond, à mon avis, à toutes les objections; mais comme il se prolonge sur une suite de siècles peu habituels, je crois nécessaire de combattre à cette date même, et par des documents pris presque tous en dehors de la discussion ouverte, les doutes qui depuis cent cinquante ans se sont manifestés.

Lambert Adhémar et Giraud–Hugues, son fils, ne sont pas comme Rolland et Ogier le Danois des personnages semi–légendaires : ils font partie de l'épopée carolingienne au même titre historique que Murat et Beauharnais de l'épopée napoléonienne, et il faut les suivre dans les différentes phases de leur existence pour apprécier ensuite celle de leurs descendants.

Lambert Adhémar fut chargé par Charlemagne d'accompagner comme conseil son jeune fils Pépin en Italie, et Jacques de Bergame dit qu'il était son parent. Les généalogistes, les encyclopédies et l'histoire s'accordent à assurer que l'auteur des premiers sires de Bourbon fut Adhémar, parent de Pépin le Bref, disent les uns, et fils de Childebrand, frère de Charles Martel, disent les autres. Il n'y a jamais eu sous Charlemagne que Lambert et Giraud–Adhémar et Hugues, son frère, désignés quelquefois sous le nom d'Adhémar sans distinction, d'autres fois avec le premier nom précédant Adhémar, et assez souvent aussi sous la dénomination de comte Lambert, comte Giraud ou Ghérold; mais il est facile de voir, par les missions données à ces deux comtes, que c'étaient les seuls de l'entourage de Charlemagne d'une position aussi élevée portant ces prénoms; c'est absolument comme lorsque Thiers dit, dans l'*Histoire du Consulat et de l'Empire*: le général Beauharnais, le vice-roi d'Italie, le prince Eugène, en parlant du beau-fils de Napoléon.

L'existence de Lambert Adhémar et de ses deux fils, rapportée par les meilleurs historiens de France, d'Italie et d'Espagne, ne peut donc pas être mise en doute.

Quels ont été maintenant les chartes ou chroniques qui peuvent faire foi de l'existence de leurs descendants pendant l'intervalle de cent soixante-dix ans qui sépare les ducs de Gênes de 810, du premier comte d'Orange de 980 ?

1° La filiation des *Adhimari* de Florence, qui se sont continués sans interruption, descendaient d'un des fils de Giraud Adhémar de Monteil et étaient encore fort puissants dans toutes les guerres civiles de la république florentine du XIV° siècle. Avec fort peu de recherches, on établirait que les La Porte d'Issertieux du Berri et les Valory en sont deux branches revenues en France par suite des révolutions florentines.

2° Trois capitulaires ; les deux premiers de Charlemagne et le troisième de Louis le Débonnaire, adressés aux huit comtes de la Marche d'Espagne ou Gothie, établissant que Giraud Adhémar était comte de Girone ou de Barcelone en 812 et encore en 816, lorsque le troisième capitulaire de Louis le Débonnaire fut distribué, en sept copies authentiques, aux villes de Narbonne, Carcassonne, Roussillon, Ampurias, Barcelone, Gérone et Béziers, pour assurer les droits des réfugiés espagnols ; ces trois capitulaires sont cités avec détails par Lafuente et tirés de la collection de Baluze, tome II ; ils paraissaient rendre moins invraisemblable la charte de partage de 830, passée à Barcelone, qui peut bien n'être qu'un document apocryphe fait deux ou trois siècles plus tard pour appuyer un fait vrai dont la preuve avait été perdue.

3° L'histoire des guerres de l'empereur Lothaire et de ses frères, qui prouve que deux fois Lothaire vaincu vint en Dauphiné pour recruter des partisans, et que les chefs combattants à la bataille de Fontenay étaient presque tous des parents des quatre frères ennemis.

4° Les deux siéges de Paris par les Normands, où un ou plusieurs Adhémar se distinguèrent (SISMONDI, *Histoire des Français*).

5° La fondation de la forteresse et ville de Pont-Audemer, effectuée à la même époque par un comte français à l'embouchure de la Rille, pour s'opposer au débarquement des Normands.

Le nom latin primitif, dit l'*Encyclopédie*, qui se base sur les chroniques, est Pons-Adhimari, en mémoire du fondateur; aussi cet article insiste-t-il pour dire que l'orthographe Ponteau-de-Mer est défectueuse et entièrement contraire au latin des chartes.

6° Un titre de 1097, relaté par l'auteur des *Annales d'Aiguebelle*, admis par Beaujon, généalogiste du roi en 1764, comme authentique et établissant que Marthe de Toulouse, veuve de Giraud Adhémar, vicomte de Marseille, fondateur de l'abbaye d'Aiguebelle, confirme le testament de son mari en faveur de son fils aîné et donne à ses autres fils, au nombre desquels est Gaucher, premier abbé d'Aiguebelle, quatre mille florins d'or, et de plus une coupe de la douzaine dont la république de Gênes avait fait présent entre autres vases précieux à leur aïeul Lambert-Giraud Adhémar de Monteil, vicomte de Marseille, lorsqu'il prit possession de la république de Gênes, que l'empereur des Romains Charlemagne lui donna en récompense de ce qu'il avait chassé les Sarrazins de l'île de Corse. L'énoncé de cet acte fait voir que par ignorance des faits on confond en une même personne le père et le fils, Lambert et Giraud.

7° Enfin l'investiture authentique du fief de Bourbon à Aimon ou Emeno Adhémar par le roi Eudes en 887, petit-fils de Giraud Adhémar duc de Gênes, mais qui n'est désigné dans l'acte d'inféodation que comme petit-fils d'Adhémar, fils lui-même de Childebrand, frère de Charles Martel.

De la donation de Charlemagne, en 810, à l'investiture du fief de Bourbon de 887, nous ne trouvons plus qu'une lacune de soixante-dix-sept ans, bien remplie par les personnages historiques du nom relatés plus haut, et nous ne croyons pas qu'il y ait là matière à discussion ou à hésitation pour refuser d'admettre la filiation d'une des races les plus françaises de notre histoire nationale, telle que je la présente, et souche de quarante maisons encore des plus importantes du pays.

De plus, il est une autre preuve qui me paraît à elle seule tout aussi concluante.

Si on n'admet pas que les Adhémar de Monteil du XI° siècle soient la chaîne continuée par les Adhémar de Bourbon de la filiation des Adhémar ducs ou comtes de Gênes et seigneurs souverains de Monteil du XI° siècle, je demanderai quelles sont les chartes d'investiture qui confèrent le comté d'Orange à Giraud Adhémar en 980, ou celles qui reconnaissent en 1045 Giraud Hugues, deuxième du nom, seigneur suzerain de Monteil, La Garde, Grignan, Nyons, Aix, Montauban, Montclus, Pierrelate, La Tour, Montpensier, Donzère, Tulette, Châteauneuf du Rhône, Valréos, Visan, Rousset et La Palud. Il serait évidemment question de seigneuries aussi importantes dans les chartes accordées par les rois d'Arles ou les comtes de Provence, et leurs seigneurs directs seraient relatés pour une raison ou pour une autre pendant les cent-soixante-dix ans où ne figurent en apparence aucun seigneurs.

Dans cet intervalle se sont formées, comme tout le monde peut le vérifier, les seigneuries de Forcalquier, d'Apt, de Castellane, de Fos, de Posquières, d'Anduze, enfin de toutes les terres environnantes, et seul le territoire compris entre Avignon et Valence n'aurait pas eu de seigneurs, et au xi° siècle seulement il lui en serait arrivé miraculeusement (sans qu'aucun pouvoir leur donnât ou leur contestât le territoire), qui seraient venus l'occuper par droit divin. Ce serait là, je crois, le seul cas reconnu de droit divin.

Voilà comment, en ne cherchant qu'à alambiquer des chartes, sans vouloir détourner les yeux d'un lieu désigné et chercher ses éclaircissements en dehors d'un cadre trop restreint, on ne peut pas faire un bon travail généalogique. Pour en revenir à ce que je disais au commencement de cette explication, qui voudra croire dans dix siècles à Murat, petit propriétaire en Languedoc, puis successivement soldat, général, beau-frère d'empereur, maréchal de France, grand-duc de Berg, roi de Naples, puis une famille disparue historiquement, si l'on ne consulte que des titres particuliers sans tenir compte des événements généraux de l'époque?

Pour les changements de nom et de résidence, rien ne ressemble à l'époque de Napoléon comme les guerres interminables de Charlemagne, où le même comte était la même année commandant d'une armée en Catalogne et d'une expédition contre les Saxons, comte de Barcelone d'un côté et comte dans la Frise de l'autre, le comte Giraudus au Midi et le comte Gherold des chroniques du Nord.

DIXIÈME ASCENDANT

Lambert-Giraud Adhémar de Monteil, duc de Gênes, fils de Giraud-Hugues Adhémar et de Brigite d'Albret.

Le 6 juin 830, une transaction fut passée à Barcelone entre Lambert-Giraud Adhémar, duc de Gênes et seigneur souverain de Monteil d'une part, et Charles et Giraud, ses frères, d'autre part, dans laquelle ces seigneurs conviennent, par la médiation d'Aimar de Monteil, archevêque de Mayence [1], leur frère, que Charles Adhémar, filleul de l'empereur Charlemagne, aura pour son patrimoine le palais et la ville de Saint-Paul-Trois-Châteaux, les forteresses de Barry, de Cabrières et de Boulène ; que Giraud aura le château d'Orange avec ses dépendances, sans qu'il puisse rien prétendre sur les biens que Charlemagne avait donnés à Charles-Giraud et à Giraud-Hugues Adhémar, en récompense des services qu'il en avait reçus dans la guerre contre les Sarrazins.

Cet acte est faux, dit-on, et sa rédaction le rend en effet suspect ; mais il faut admettre cependant que tous les dispositifs en sont plausibles et trouvent leur consécration dans les actes antérieurs déjà cités et les preuves historiques surabondantes données ; de plus, ce partage ne relate que des fiefs énumérés à nouveau de la même façon dans les titres vrais de 980, 1045 et 1097, et rien ne vient en infirmer la véracité dans l'intervalle.

Les historiens s'accordent à dire que l'empereur Lothaire,

---

1. Une des preuves de la fausseté de ce titre serait la qualification d'archevêque de Mayence donnée à Aimar de Monteil ; car d'après le *Gallia Christiana*, l'archevêque de Mayence en 830 portait le nom d'Otgaire ; mais on peut objecter aussi qu'en 830, Hugues Adhémar, chapelain de Charlemagne et historien irrécusable, vivait encore et qu'il pouvait être archevêque de Mayence avec Otgaire pour coadjuteur-résident, et s'être retiré lui à Barcelone. Il est assez remarquable que sous Louis le Débonnaire, ce fût un archevêque de Mayence dont l'histoire ne donne pas le nom, qui fût chargé à deux ou trois reprises d'amener des corps armés des bords du Rhin pour combattre les Sarrazins dans la Catalogne.

avant la grande bataille de Fontenay ou Fontenailles, fut à Vienne en Dauphiné pour y réunir ses partisans : il est donc certain qu'il était soutenu par ses cousins les Adhémar de Monteil, alors les principaux feudataires du Dauphiné et des rives du Rhône et que ce furent eux qui commandèrent une partie de ses troupes à Fontenay.

On voit encore qu'en 842, à la reprise des hostilités contre ses frères, Lothaire, trop faible pour résister, s'enfuit d'Aix-la-Chapelle, gagna la Bourgogne et ne s'arrêta qu'aux bords du Rhône, où il resta cantonné, adossé à l'Italie, jusqu'à la paix conclue dans une entrevue avec ses frères près Mâcon, à la mi-juin 842, et signée à Verdun l'année suivante.

ONZIÈME ASCENDANT

Aimon ou Emeno Adhémar de Monteil, petit-fils de Giraud Adhémar, duc de Gènes, fut nommé en 887 vicomte du Bas-Limousin, par le roi Eudes, de la race capétienne, puis en 891 investi de la baronnie de Bourbon ; ce fut lui qui fonda l'abbaye de Souvigni, près Bourbon-l'Archambault, en 921. Cette abbaye fut un des premiers rejetons de celle de Cluny, fondée dans le IXᵉ siècle par saint Guillaume de Toulouse, parent de la race carolingienne.

Aimon fit son testament en 930, et ce testament est cité dans l'histoire comme un des premiers titres authentiques où se trouve employé le mot Fevum et Fevale, comme signification du mot fief qui ne se rencontre pas antérieurement dans les titres écrits.

Aimon Adhémar de Monteil eut plusieurs frères, entre autres : *Ramnulfe ou Ranulfe, qui fut créé vicomte de la Marche par le roi Eudes en 887, et est la tige de la maison d'Aubusson, sires et vicomtes de Monteil, ducs de La Feuillade*, etc., etc. Pierre d'Aubusson, grand-maître des chevaliers de Saint-Jean de Jérusalem, avait un frère aîné, Antoine, qui fut surtout connu sous le nom de vicomte de Monteil et qui défendit Rhodes contre Mahomet II en 1479, comme général en chef des troupes auxiliaires. Ce fut encore lui qui, dix ans après, accompagna le prince turc Zizim à son entrée à Rome (HAMMER, *Hist. de l'empire des Ottomans*).

TURPION, *premier comte d'Angoulême*, nommé par Louis le Débonnaire et tué en 863 dans un combat contre les Normands. C'est de lui que descend la maison de *Chabannes*, et si on juge par les noms des fiefs qu'elle possédait à cette époque, *les Rochefort d'Aurouse et les La Queille*, qui sont une même branche, *les du Teil du Poitou*, anciens seigneurs de *Gourgé près Parthenay*, et *les Chapt de Rastignac*.

Aimon Adhémar de Monteil, premier sire de Bourbon, laissa trois fils, dont l'un fut la tige des *Sully* anciens continués jusqu'à nos jours par les *Culant*. *Eudes Maurice de Sully*, évêque de Paris en 1196, fit bâtir l'église Notre-Dame de Paris dont il fut l'architecte. Il prit part au concile de Paris de 1212, présidé par Robert de Courson, cardinal et légat du pape, et ce fut lui qui interdit à Paris la célébration de la fête des Fous, en vertu d'un canon de ce même concile.

Voici ce qu'on lit dans l'*Histoire* de Henri Martin, tome II, page 662 :

« Ranulfe de Poitiers étant mort empoisonné, suivant le chroniqueur Adhémar (*Adhémar le moine du Saint-Ciboire probablement*), qui semble accuser Eudes, et Eudes ayant donné le Poitou à son frère Robert, ce qui était contraire au nouveau droit public et renversait les droits d'un fils en bas âge qu'avait laissé Ranulfe ; les deux frères de Ranulfe, dont un était le fameux Ebles, abbé de Saint-Germain et de Saint-Denis, allèrent soulever l'Aquitaine.

Un comte Adhémar (Ranulfe était comte de Poitiers), qui avait vaillamment combattu contre les Normands lors du siége de Paris, et dont le père Aimon ou Emeno (*cet Emeno était comte de Poitiers avant 839 et fut dépouillé à cette date par Louis le Débonnaire, parce qu'il lui était opposé*) avait été autrefois comte de Poitiers, se jeta dans la querelle pour son propre compte et chassa de Poitiers le frère du roi.

Voici un autre paragraphe extrait de Sismondi, tome II, page 227, relatif au même Adhémar :

« Les partisans du jeune Charles le Simple se mirent en mou-
» vement après cette cérémonie (son sacre) pour aller combattre
» Eudes. Ils comptaient sur l'appui de Richard, duc de Bour-
» gogne ; de Guillaume, comte d'Auvergne, et d'*Adhémar*, comte
» de Poitiers. Mais le jeune roi qu'ils avaient choisi ne tarda pas
» à faire connaître que ce n'était pas sans raison que ses contem-
» porains lui donnaient indifféremment les épithètes de Simplex
» et de Stultus, etc. »

Ce fut ce comte Adhémar et sa descendance qui en mémoire
de cette conquête de Poitiers ne voulurent plus quitter ce nom,
bien qu'ils n'eussent pas conservé le fief, et formèrent la branche
d'Adhémar de Monteil, comtes de Poitiers, de Valentinois et de
Saint-Vallier en Dauphiné. C'est toujours dans cette province
qu'on la trouve mélangée aux autres branches d'Adhémar de
Monteil, Orange et Grignan. C'est par erreur ou faute de
recherches que plusieurs historiens ont relaté la maison de *Poitiers* comme branche cadette ou naturelle des premiers comtes de
Poitou, ducs de Guyenne.

Aymar de Poitiers qui vivait en 1135, et que Borel d'Hauterive,
d'après les historiens, donne comme leur auteur, n'était pas
fils de Guillaume IX, duc de Guyenne. Les Adhémar de Poitiers
figurent en Dauphiné comme possesseurs de fiefs bien avant la
date de 1135 (*voy.* les *Étymologies des noms de la Drôme*, par le
baron de Coston).

La comtesse de Marsanne qu'on donne pour femme à Aymar
de Poitiers était simplement une Adhémar de Monteil, sa parente,
puisque la terre de Marsanne, en Dauphiné, faisait partie, dès
les temps les plus reculés, des domaines des Adhémar et qu'elle
en a été plusieurs fois distraite ou restituée. En 1446 elle fut
encore rendue par Louis XI dauphin en échange des droits sei-
gneuriaux que les Adhémar avaient conservés sur la ville de
Montélimar, qui fit alors complétement retour à la couronne.

DOUZIÈME ASCENDANT

Aimon Adhémar de Monteil, deuxième vicomte de Limoges, était seigneur de Bourbon en 953; il révoqua et confirma tour à tour les donations faites par son père à l'abbaye de Souvigni.

L'un de ses fils, connu sous le seul nom d'Adhémar, fut moine du Saint-Ciboire d'Angoulême vers l'an 1010; il écrivit une chronique d'Aquitaine et une chronologie des abbés de Limoges, publiées au jour le jour par le Père Labbe, dans sa *Nouvelle bibliothèque des manuscrits.*

ASCENDANCE DU BOURBONNAIS

Archambaud Adhémar de Bourbon, l'un des fils d'Aimon, lui succéda dans la baronnie de Bourbon, et son nom, devenu commun à tous ses descendants, finit par être ajouté à celui de leur fief dont le chef-lieu s'appela et s'appelle aujourd'hui Bourbon-l'Archambault (970 à 980).

Les frères d'Archambaud retournèrent vivre en Dauphiné et en Provence où ils reformèrent un établissement stable et non interrompu, et je n'ajoute la suite des sires de Bourbon à cette généalogie que pour faire coordonner les faits historiques et donner l'explication des ramifications qui s'établirent en Auvergne et des alliances communes avec des familles de Bourgogne et du Berry qui renouvelèrent la consanguinité.

Archambaud II, fils du précédent, possédait la seigneurie de Bourbon en 985 et était en guerre avec le comte de Nivernais en 999; on ignore la date de sa mort, dit la généalogie de Bourbon, *mais il est plus probable que, dégoûté de ces guerres, ou plus faible, il abandonna la seigneurie de Bourbon à ses fils et se retira en Dauphiné, ce qui fait perdre sa trace aux généalogistes qui ignorent l'existence simultanée de la maison d'Adhémar dans les deux fiefs de Monteil et de Bourbon.*

Archambaud III,sire de Bourbon, surnommé du Montet, fit de grandes libéralités aux églises et vivait en 1030. Son frère Aimon de Bourbon, archevêque de Bourges, présida le concile de Limoges qui eut lieu en 1031 et par lequel saint Martial fut reconnu comme apôtre.

Archambaud IV, fils du précédent, surnommé le Fort, qualifié du titre de prince en 1064, sire de Bourbon, fonda avec Théodart de Vichi, son parent, l'abbaye de Saint-Rigaud en Mâconnais en 1065. Voici ce que dit à son sujet Guizot dans son *Histoire de France racontée à mes petits-enfants*, tome I, page 304 :

« Adhémar, vicomte de Limoges, eut dans sa ville avec les moines de l'abbaye de Saint-Martial une querelle de toute autre sorte ; l'abbaye était tombée dans un grand relâchement de discipline et de mœurs ; le vicomte eut à cœur de la réformer ; il se concerta de loin dans ce dessein avec Hugues, abbé de Cluny, le plus célèbre alors et le plus respecté des monastères. »

L'abbé de Saint-Martial mourut, Adhémar fit venir à Limoges des moines de Cluny, les logea secrètement près de son palais, se rendit à l'abbaye de Saint-Martial après avoir fait convoquer le chapitre et somma les moines de procéder sur-le-champ à l'élection d'un nouvel abbé.

Un vif débat s'éleva à ce sujet entre le vicomte et les moines. « Nous n'ignorons pas, lui dit l'un d'eux, que vous avez fait venir » des religieux de Cluny pour nous chasser d'ici et les mettre à » notre place, mais vous n'y réussirez pas. »

Le vicomte éclata, prit par la manche le moine qui réclamait et l'entraîna violemment hors du monastère ; effrayés, ses confrères prirent la fuite ; Adhémar fit appeler sur-le-champ les moines de Cluny et les mit en possession de l'abbaye.

Le procédé était brutal, mais la réforme était populaire dans Limoges et elle fut accomplie.

Il est bon d'ajouter que Hugues, abbé de Cluny, était un proche parent, ce qui explique la facilité avec laquelle il put faire son changement de moines.

Archambaud V Adhémar, fils du précédent, sire de Bourbon en 1078. Il eut de grands démélés avec les religieux de Souvigné et ne céda qu'à l'intervention du pape Urbain II, qui vint présider le concile de Clermont en 1095.

Archambaud VI Adhémar, sire de Bourbon.
Voici ce que dit Michelet (*Hist. de France*, tome II, page 267) :

«Plus lointaines encore et non moins éclatantes furent les expéditions de Louis VI dit le Gros dans le Midi. A l'époque de la croisade, le comte de Bourges avait vendu au roi son comté pour six mille livres. Cette possession, dont le roi était séparé par tant de terres, plus ou moins ennemies, acquit de l'importance lorsqu'en 1115 Archambaud VI, seigneur du Bourbonnais, voisin du Berry, appela le roi à son secours contre son oncle Aimon, surnommé Vaire Vache (cheveux mêles), qui lui disputait cette seigneurie et l'en déposséda.

« Louis le Gros y passa avec une armée et protégea Archambaud pour quelque temps. Dès lors il eut le pied dans le Midi. »

Plus loin, page 305, il ajoute :

« Enfin les croisés arrivèrent à Satalie dans le golfe de Chypre ; il y avait encore quarante journées de marche pour arriver à Antioche en faisant le tour du golfe. Mais la patience et le zèle des barons étaient à bout, il fut impossible au roi de les retenir. Ils déclarèrent qu'ils iraient par mer à Antioche. Les Grecs fournirent des vaisseaux à tous ceux qui pouvaient payer ; le reste fut abandonné à la garde de Thierry d'Alsace, comte de Flandre, et d'Archambaud VI, sire de Bourbon, et d'un corps de cavalerie grecque que Louis VII loua pour les protéger.

Il donna ensuite tout ce qui lui restait à ces pauvres gens et s'embarqua avec Éléonore ; mais les Grecs qui devaient les défendre les livrèrent eux-mêmes ou les réduisirent en esclavage ;

ceux qui échappèrent le durent au prosélytisme des Turcs qui leur firent embrasser leur religion.

Aimon Vaire Vache fut celui qui jouit de la seigneurie de Bourbon pendant la croisade de son neveu Archambaud VI ; ce dernier ne mourut pas dans l'expédition de Satalie ; il s'arrêta au retour en Italie où il s'établit, sans doute humilié de sa défaite et peu désireux de revendiquer ses droits sur la seigneurie de Bourbon.

Les familles de Blot et de la Roche Aimon sont reconnues comme issues d'Aimon Adhémar, surnommé Vaire Vache.

D'après les noms féodaux, une branche cadette de ces Adhémar de Monteil se continua en France sous le nom de Bourbon et de Montluçon jusqu'au xviiᵉ *siècle, et, selon Moréri, une même branche du nom de Bourbon, marquis del Monte,* dans les Apennins, entre le duché d'Urbain, la Toscane et les Romagnes, établie là au retour des croisades, existait encore au xviiiᵉ siècle, puisque Horace de Bourbon, marquis del Monte, chevalier d'honneur et sans doute amant de Christine, reine de Suède, mourut violemment à Rome, en 1687, et laissa, entre autres enfants, Mathieu de Bourbon, marquis del Monte, que la même reine Christine maria avec la nièce du marquis de Monaldeschi, celui qu'elle avait fait tuer à Fontainebleau.

Il est bien entendu que ces descendants des Adhémar de Monteil, sires de Bourbon et marquis del Monte, n'ont de commun que l'origine avec les Adhemari de Florence, déjà établis en Italie depuis Giraud Adhémar duc de Gênes et premier seigneur souverain de Monteil en 814.

Archambaud VII, fils d'Aimon Vaire Vache, ne fit rien d'important et laissa la seigneurie de Bourbon à sa fille Mahaut ou Mathilde, qui épousa Guy de Dampierre ; ils formèrent ainsi la seconde maison de Bourbon.

ASCENDANCE DE DAUPHINÉ

TREIZIÈME ASCENDANT

Giraud Adhémar de Monteil, comte d'Orange, petit-fils d'Aimon Adhémar de Monteil, premier sire de Bourbon, dont la généalogie précède, revint vivre dans les fiefs du Dauphiné, et, au dire de l'historien Bouche, ce fut le premier comte particulier d'Orange vers 980, aux droits de son trisaïeul Lambert Giraud Adhémar, duc de Gênes et prince souverain de Monteil.

Le château d'Orange et ses dépendances sont inventoriés dans le partage de 830 fait à Barcelone.

Giraud eut pour fils aîné et successeur dans le comté d'Orange Rambaud Adhémar de Monteil, dont le nom est le même que celui d'Archambaud modifié, porté par ses cousins de la branche de Bourbon, et qui se conserva dans la succession des premiers comtes d'Orange, que je ne donne pas, puisqu'elle est tout entière dans Pithon Curt; elle se perdit d'ailleurs promptement dans la maison de Baux; son deuxième fils fut Giraud-Hugues dont il va être question.

Il est bon de faire observer que les noms d'Aimon et d'Archambaud dans la langue d'oïl deviennent dans la langue d'oc Raymond et Rambaud; ce sont donc les mêmes noms de baptême qui se continuent dans les deux branches, suivant l'usage du temps.

QUATORZIÈME ASCENDANT

Giraud-Hugues Adhémar de Monteil, deuxième fils de Giraud Adhémar, comte d'Orange, qui précède, reçut en apanage de son père de nombreux fiefs situés sur les terres de l'Empire, entre lesquels étaient la baronnie de Grignan et la souveraineté de Monteil, nommée depuis Monteil-Adhémar et par corruption Montélimar.

Giraud-Hugues se signala de bonne heure par sa bravoure

chevaleresque et par les services qu'il rendit à la Provence. Plus tard, fatigué de gloire et soupirant après le repos, il se retira dans son manoir de Grignan, château fort d'un accès difficile, construit par ses ancêtres, et désigné dans les titres du xiiiᵉ siècle sous le nom de Fortalitium ; là, vivant au sein de la retraite, il employait ses loisirs au bonheur de ses vassaux. Fervent chrétien comme il avait été vaillant chevalier, il accomplissait fidèlement ses devoirs envers Dieu.

Il avait épousé Marthe de Toulouse, et le ciel avait béni son union par la naissance de cinq enfants ; Giraud Adhémar, dont dont il sera question ; Adhémar de Monteil, Gaucher Adhémar, Guillaume-Hugues Adhémar, Hugues Adhémar de Monteil.

Ce dernier, marié à Agathe de Foix, reçut en apanage la ville et seigneurie de Lombers en Albigeois et forma la branche des Adhémar de Lombers.

Giraud-Hugues fonda l'abbaye d'Aiguebelle, située à trois heures au sud-est de Montélimar, sur le plateau de Montjuyer, dominant les collines qui séparent Grignan du village de Rochefort ; ce fut le 25 mars 1045, fête de l'Incarnation de la Vierge, que Gaucher, son troisième fils, nommé le premier abbé, prit possession de sa nouvelle demeure à la tête de ses religieux et qu'eut lieu la fête d'inauguration.

Giraud-Hugues a été consul, gouverneur ou comte de la ville de Valence, car tous les biographes de son deuxième fils, Adhémar de Monteil, le qualifient seulement d'une de ces charges.

J'ajouterai ici quelques détails sur Adhémar de Monteil, puisés un peu partout ; ils serviront à rendre plus populaire une des grandes personnalités du moyen âge et une de nos gloires nationales.

Adhémar de Monteil, deuxième fils de Giraud-Hugues Adhémar de Monteil, seigneur de Grignan et de Monteil, et de Marthe de Toulouse, naquit à Valence, selon ses biographes, vers l'an 1025, prit la carrière des armes et combattit longtemps contre les Maures d'Espagne ; il obtint dans ces guerres une réputation de vaillant guerrier et de chef habile ; puis, rentré en

France, il se fit prêtre et fut élu, en 1080, évêque du Puy-en-Velay ; il y composa le chant du *Salve Regina*, aussi appelé hymne ou antienne du Puy, et il assista au concile de Clermont, où il fut le premier à prendre la croix.

Voici les détails que donne sur son administration épiscopale M. Francisque Mandet, dans son *Histoire du Velay*, t. III, p. 121.

« Adhémar, le brave et pieux évêque, fut choisi par le pape pour le représenter, comme vicaire général pendant la croisade ; cette préférence était un hommage rendu à la sagesse et au zèle du prélat. Fils d'un noble comte, gouverneur de Valence en Dauphiné, Adhémar avait été élevé pour le métier des armes ; il s'y était distingué jeune encore, et il eut souvent occasion de se le rappeler dans le cours de sa vie. En effet, élevé au siége épiscopal du Puy, il trouva son diocèse désolé, les biens de son Église au pillage. Pons et Héracle de Polignac, les deux frères du simoniaque Étienne, son prédécesseur, avaient dissipé les plus beaux domaines de l'évêché et ne cessaient de faire gémir le pays sous de continuelles oppressions.

Adhémar, après avoir exhorté comme frère, réclame comme maître, lève des troupes, déclare la guerre aux châtelains rebelles, et moyennant une somme de vingt mille sous (monnaie du Puy) les oblige à se désister de tous leurs droits sur les biens du chapitre de Notre-Dame. Cette conduite rallie tous les seigneurs du Velay à leur nouvel évêque ; plusieurs abandonnent volontairement en sa faveur les dîmes qu'ils prélèvent sur différentes Églises, et un grand nombre, parmi lesquels sont les Fay, les Polignac et les Chapteuil (Chapdeuil), le suivent lorsque, à la tête de quatre cents enfants de la ville et de plus de huit mille du Velay ou du Valentinois, il s'en va en Terre-Sainte.

Les croisés du Languedoc prirent leur route par la Lombardie et la Dalmatie, et en sortant de ce dernier pays l'évêque du Puy faillit être la victime du brigandage des habitants ; il fut sauvé par quelques soldats de Raymond de Saint-Gilles. Arrivés à Rodosto, ils reçurent les ambassadeurs de l'empereur de Constantinople. Le comte de Toulouse, désireux de s'entendre avec

Alexis, prit les devants avec ses envoyés et laissa le commandement de l'armée à Adhémar, qui était son neveu ou son cousin
germain par sa mère, Marthe de Toulouse.

An siége de Nicée, cette même armée de Raymond de Saint-
Gilles et d'Adhémar fut campée à l'est de la ville ; en même temps
qu'elle livra de meurtriers assauts, elle put s'opposer à une
surprise de Kilidge Arslan qui, sans cette vigilance, eût été fatale
aux chrétiens. Après la prise de Nicée, les croisés divisèrent leur
armée en deux corps pour marcher plus facilement et rencontrer
plus de ressources. Le deuxième s'avançait sous le commandement
d'Adhémar, du comte de Toulouse, de Godefroy de Bouillon et
de Hugues de Vermandois, et il put, grâce à l'expérience de ces
chefs habiles, se rabattre à temps sur la vallée de Gorgon où Kilidge
Arslan, qui avait encore une fois tenté d'arrêter et d'enfermer le
premier corps, fut complétement battu. L'évêque du Puy se battit
brillamment au pont de l'Oronte dont il força le passage.

Au siége d'Antioche, il fit séparer les femmes légitimes ou autres
des hommes et chercha à réprimer le jeu, l'usure et l'ivrognerie ;
ce fut grâce à ses efforts ainsi qu'à ceux de Godefroy de Bouillon
et de Raymond de Saint-Gilles qu'on évita une désertion complète
des chefs et des troupes croisés pendant l'affreuse misère du
siége. En comparant les faits rapportés par les historiens des
croisades avec d'autres atrocités commises dans des circonstances
analogues, on reste convaincu que c'est au siége d'Antioche qu'il
s'est consommé, comme nourriture, la plus grande quantité de
chair humaine.

A la bataille livrée au sultan Kerboga devant Antioche le
28 juin 1098, Adhémar eut le commandement du 4° corps,
l'armée étant divisée en douze corps en l'honneur et souvenir
des douze apôtres, et il combattit comme un simple chevalier.

On lui attribue l'allocution suivante:

« Le ciel vous a pardonné vos péchés, il ne peut donc vous
» arriver aucun mal. Quiconque mourra ici continuera de vivre,
» parce qu'il cherche la gloire éternelle; ne redoutez rien, car le
» seigneur vous enverra des légions de saints. Marchez vers vos
» ennemis, qui se préparent plutôt à la fuite qu'au combat;

» marchez à la bataille au nom de Notre-Seigneur Jésus-Christ, et
» le Seigneur tout-puissant sera avec vous. »

Peu de jours après cette victoire, la peste se déclara et Adhémar
fut la plus marquante victime, le 1er août 1098. Sa perte contribua
grandement aux divisions qui suivirent et au relâchement des
mœurs des prêtres qui accompagnaient la croisade. Voici le jugement que donne son chapelain, Raynold d'Agiles le chroniqueur :
« Ce prélat possédait toutes les vertus qui sont sous le ciel. Natu-
rellement facétieux, enjoué et bienveillant envers tout le monde,
il se distinguait surtout par une grande éloquence. »

Pour achever dignement une vie si bien remplie, la légende
raconte qu'il apparut après sa mort à Pierre Barthélemy, le prêtre
qui avait découvert le fer de la sainte lance, et lui raconta que
pour n'avoir pas voulu croire à ce miracle il avait été conduit en
enfer et y avait été flagellé.

Il est certain au moins qu'il s'opposa, autant que l'époque le
permettait, à la manifestation des miracles, et que pour son compte
il y croyait peu.

QUINZIÈME ASCENDANT

Giraud Adhémar de Monteil, fils aîné de Giraud-Hugues et de
Marthe de Toulouse, était seigneur de Monteil, de Grignan, de la
Garde, de Nyons, d'Aix, de Montauban, de Montclus, de la Tour-
du-Verre, de Pierrelate, de Donzère, de Montpensier, de
Châteauneuf du Rhône et de Tulette en Dauphiné ;

De Vaureas, de Vizan, de Rousset et de la Palud au comtat
venaissin ; de Rochemaure et du Teil-en-Vivarais.

Il avait épousé une dauphine d'Auvergne, fut père des quatre
fils qui suivent, et mourut avant la prédication de la première
croisade.

Giraud Adhémar de Monteil, fils puîné du précédent, partagea
les biens de son père par l'entremise d'Aymar de Monteil, évêque
du Puy-en-Velay, son oncle.

L'acte de partage fut passé dans l'église de Notre-Dame du Puy, devant le saint-sacrement, le 26 décembre 1095.

Lambert, son frère aîné, eut les biens situés en Provence, entre la mer et la Durance; la seigneurie de Grignan, la moitié de celle de Monteil, les terres de Nyons, Aix, Montclus, le palais de Saint-Paul-Trois-Châteaux et tous les droits que leur père avait dans cette ville; les terres de Barri, Cabrières; les granges du plan de Grignan (où est bâtie Boulène); les pairies de la Tour-du-Verre, la Palud, Pierrelatte, Donzère, Montpensier, Châteauneuf du Rhône, Tulette, Vizan, Vauréas, Roussel et Venterol.

Giraudet eut l'autre moitié de Monteil, la seigneurie de la Garde, les terres de Chaux, Méouillon, la Calmette, Barjac, le palais d'Orange et ses dépendances, le domaine d'Uchaux et les pairies de la Tour-du-Verre et de la Palud par indivis avec son frère Giraud.

Giraudonnet eut en partage Privas, Rochemaure et d'autres terres en Vivarais; et Hugues, leur oncle, eut la seigneurie de Lombert en Albigeois et quelques terres dans les diocèses de Valence et de Die. Ce même Hugues Adhémar assista en 1099 à la bénédiction de l'église de Guisona, au diocèse d'Urgel, et lui fit donation d'une pièce de terre; il était accompagné d'Arnaud Bernard de Monteil et de sa femme Lobaca, qui, eux aussi, firent cession à l'église de leur décime de Montroy et de Cestero (*Collection des conciles d'Espagne*, par Juan Tejada y Ramiro. Madrid, 1851, chez Santa Coloma y Pena, t. III, p. 226). On voit aussi dans le même ouvrage, page 421, Adhémar, évêque d'Huesca, assister au concile de Lérida de 1294.

Ce sont les descendants de Hugues Adhémar de Monteil, seigneurs de Lombers, qui ont donné des capitouls à Toulouse, et sont encore aujourd'hui établis à Réalmond, chef-lieu de canton du département du Tarn, près Albi. En 1845, ils étaient trois frères portant le titre de comtes du Teil de Réalmont, et leur principal château est aux environs de Lombers, probablement au château de Padiez, cité dans le *Journal de Faurin* comme pris par les protestants le 27 mars 1580, et qui est situé, d'après le marquis d'Aubais, dans la paroisse de *Teils* ou *Monteils*, près Albi.

Giraudonnet fut tué sur la brèche au siége de Jérusalem, en 1099 ; un troisième y trouva également la mort.

On voit figurer encore à la première croisade Guillaume de Tilla, que Michaud appelle Guillaume du Tillet, mais que Guillaume de Tyr cite comme chevalier provençal, nommé par le comte de Toulouse seigneur et gouverneur de la citadelle d'Alborea en Syrie, après sa conquête. Ce Guillaume de Tilla doit être le même qu'un des cinq ou six Adhémar de Monteil relatés ici, car les Bussières du Tillet ne sont pas d'origine provençale comme l'affirme Guillaume de Tyr pour ce Tilla, et s'ils tiennent aux Adhémar de Monteil, ce qui est probable, c'est par les Chabannes.

Le fameux procès du greffier au Parlement du Tillet contre le sire de La Reynaudie, le héros de la conjuration d'Amboise, établit cette parenté, car La Reynaudie était alors le chef de la maison de Chabannes.

Ils avaient emporté, dit Pithon Curt, 30 000 florins d'or pour leurs dépenses, et cette somme étant épuisée, ils empruntèrent encore 30 000 florins d'or pendant la croisade. On peut juger par ce chiffre de 60 000 florins d'or si les croisades furent l'origine de la ruine de la féodalité française.

Giraud Adhémar de Monteil, cité plus haut, mourut avant 1120, et il laissa plusieurs enfants, dont l'un fut évêque de Rhodes vers l'an 1130, et reçut dans cet évêché un de ses parents, Adhémar de Lombers, fils de Hugues, qui, avec son ami Pons de Lavaza ou Ladevèse, cherchait à faire pénitence en fondant un monastère dans une contrée sauvage ; mais, ne trouvant pas en Palestine un lieu assez sévère, ils revinrent en France où ils bâtirent le monastère de Salvanes, dans les montagnes du Rouergue, en 1136. Adhémar en fut le premier abbé.

La règle suivie à Salvanes fut celle de l'abbaye de Mazan, déjà célèbre, et dont le cartulaire aujourd'hui dispersé, mais en partie transporté à Privas, contient beaucoup de titres relatifs aux Monteil et aux Teil.

Giraud Adhémar de Monteil, fils de Lambert cité plus haut,

coseigneur de Monteil et de Grignan, seigneur de Nyons, Aix, Montclus, etc., transige devant Guillaume Arnaud, prêtre et notaire de Saint-Paul-Trois-Châteaux, et Bertrand Giraud, notaire de la Garde, le 7 mars 1128, avec Guillaume-Hugues Adhémar, coseigneur de Monteil et seigneur de la Garde, et autre Giraud Adhémar, seigneur de Rochemaure-en-Vivarais, et son cousin comme fils de Giraudonnet tué au siége de Jérusalem.

Il fut convenu par cet acte que Guillaume-Hugues donnerait en supplément de partage aux seigneurs de la Garde et de Rochemaure la somme de 500 florins d'or à chacun, la huitième partie de Valaurie et la sixième de Rossas ; que Guillaume-Hugues aurait en entier les terres de Mirmande et de la Tour-du-Verre ; que Giraud, coseigneur de Grignan et de la Garde, jouirait de Lauriol en Valentinois, et Giraud, seigneur de Rochemaure, aurait Sauzet, Condillac et Cleoux.

On voit par tous ces actes de partage parfaitement authentiques et répartis sur un espace de plus de deux siècles et demi, la facilité avec laquelle les Adhémar de Monteil disposaient de leurs biens et la liberté souveraine dont ils jouissaient. Jamais on ne trouve, pour tout ce qui était compris dans l'apanage de Monteil, l'apparence d'une suzeraineté. Ce n'est que plus tard qu'interviennent quelquefois les empereurs d'Allemagne, en commençant à Frédéric Barberousse, puis ensuite les dauphins de Viennois en vertu de droits d'héritage, et enfin les comtes de Provence capétiens et les rois de France.

Cette branche aînée des Adhémar, que je crois inutile de suivre plus loin, finit à Louis Adhémar de Monteil, chevalier de l'Ordre du roi, lieutenant général au gouvernement de Provence en 1541, et connu dans l'histoire sous le nom de Grignan ; n'ayant pas d'enfants de sa femme Anne de Saint-Priest, il légua ses biens à François de Lorraine, duc de Guise, en 1559 ; mais son testament fut cassé en faveur de son neveu Gaspar de Castellane et d'autres parents de son nom.

Ce testament s'explique par la communauté d'origine de la maison de France royale carolingienne avec la maison royale de Bavière, d'où sortirent les ducs d'Alsace, de Lorraine, comtes de

Champagne, Blois, Sancerre, etc. Sainte Odila ou Othilie, fille d'Athice, duc d'Alsace, était aussi nièce, par sa mère, de saint Léger d'Autun.

Odilon, duc de Bavière en 739, se confédéra en 740 avec Charles Martel pour combattre les Sarrasins ; il épousa sa fille Hiltrude et prit le titre de roi, ce qui lui amena une guerre avec ses beaux-frères Pépin le Bref et Carloman ; plus tard, de 765 à 788, son fils Tassilon, qui avait épousé une fille de Didier, roi des Lombards, continua son opposition à Pépin le Bref et à Charlemagne, et après que ce dernier lui eut pardonné plusieurs fois ses trahisons, il se décida à l'enfermer dans un cloître où il mourut.

Avec lui finit l'ancienne race royale des Agilolfinges, comme ducs de Bavière, et elle fut remplacée par un Carolingien qui devint la souche de la maison de Lorraine ; l'attache de cette nouvelle race avec les Carolingiens remontait à saint Arnulf, car elle n'était qu'une branche collatérale de Charlemagne, voilà pourquoi les Guise, dans leurs prétentions, avaient raison quant à la communauté d'origine, mais tort quant à la succession au trône de France comme descendants de Charlemagne.

Pour ce qui se rapporte à ce travail généalogique, voici les rapprochements tels que les établit l'histoire :

Gauthier, seigneur d'Avesnes, comte de Blois, et Marguerite, comtesse de Flandre, sa femme, donnent à Archambaud de Bourbon ce qu'ils possèdent dans la baronnie de Charenton-en-Berri, pour par lui être tenu d'eux en fief lige, en 1228 ; bien que ce sire de Bourbon fût de la race de Dampierre, cet acte n'en établit pas moins que les comtes de Blois et de Flandre avaient des fiefs en Berri et des rapports avec les Bourbons anciens.

Les descendants des comtes de Blois, Dampierre, Rochefort d'Ailly, Sancerre, Avesnes, etc., etc., ont vécu pendant six siècles avec les descendants des Adhémar de Monteil, Bourbons anciens, Rochefort d'Aurouse, Aubusson, Chabannes, Taillac et Teil en Bourbonnais, Auvergne, Poitou et Dauphiné, ayant des alliances continuelles entre eux ou avec les mêmes familles d'origine distincte.

Avant 1440 eut lieu le mariage de Jean II du Teil avec Jeanne de Sancerre, fille du maréchal, depuis connétable de Sancerre.

En 1559 vient le testament d'Adhémar de Monteil en faveur de François de Lorraine, duc de Guise, rapporté ci-dessus, ce qui a donné lieu à cette note explicative. C'était plus une question politique que de parenté proche, bien qu'il y en eût par les Vaudemont.

En 1720, Antoine d'Avesnes, le dernier de sa branche en Auvergne, mestre de camp d'un régiment de son nom, fait son testament en faveur de Joseph du Teil, capitaine de cavalerie au régiment de Charlus, et le descendant de Joseph du Teil, Hilaire du Teil, capitaine au régiment de cavalerie de Noailles, fait remettre à mon arrière-grand-père, le baron du Teil, tous ses papiers de famille, comme parent de la branche d'Auvergne éteinte en lui un peu avant la Révolution de 1789.

Si l'on appuie ces faits, en apparence isolés dans un laps de temps de cinq siècles, sur l'histoire de toutes ces familles et leurs alliances, on reste convaincu que depuis l'avénement des Carolingiens elles ont eu toutes le même sort et ont passé par les mêmes alternatives de puissance et de décadence, et qu'il est impossible de bien faire la généalogie de l'une sans connaître celle des autres.

Voilà pourquoi tout ce travail m'est devenu possible, et s'est trouvé facilité du moment que j'ai été certain historiquement de la filiation du premier Adhémar comte de Gênes et de son ascendance directe sur les anciens sires de Bourbon.

Pithon Curt, tout en donnant de grands détails sur la maison d'Adhémar, a complétement ignoré la filiation des anciens sires de Bourbon, et il ne s'explique pas les traditions ou les actes qui présument ou établissent la consanguinité carolingienne, dont il n'a pas soupçon et qu'il n'entrevoit pas ; ce sont cependant ces sires de Bourbon, au contraire, qui donnent la clef historique et font comprendre la lacune de plus d'un siècle pendant laquelle les Adhémar, seigneurs souverains de Monteil, ne paraissent ni en Dauphiné, ni en Provence, et sont au contraire à Paris, en Normandie, en Bourbonnais et en Limousin. Il ne faut pas non plus perdre de vue les Adhémar de Monteil de Catalogne, qui étaient fort puissants et contemporains de toutes ces générations des premiers siècles, du IXe au XIIIe siècle.

De même qu'ils commencent à figurer sous leur nom d'Adhémar dans les guerres d'Italie et contre les Sarrazins jusqu'à Charlemagne, après cet empereur, ils se trouvent mêlés aux guerres de Louis le Débonnaire et de ses fils, et défendent le pays contre les invasions des Normands.

On les trouve aux différents siéges de Paris ; puis, lors de l'élévation des Capétiens, ils reviennent se fixer dans leurs apanages particuliers, et c'est alors que, les uns partant de la seigneurie de Bourbon et les autres de celle de Monteil, les deux branches se mêlent et souvent se confondent dans l'Auvergne, le Vivarais, le Limousin et le Poitou, portant les mêmes noms de baptême, et beaucoup de noms de terres et de châteaux jusque-là inaperçus dans les grands fiefs, qui rendent entre elles une distinction complète presque impossible.

Partout où les Adhémar se sont fixés, et quel que soit le nom de fief particulier qu'ils aient adopté, comme Aubusson, Chabannes, Rochefort, la Quenille, etc., on est presque certain de rencontrer à une de leurs possessions le nom de Monteil, Theil ou Tailla, en souvenir, irraisonné sans doute, de leur premier apanage héréditaire de Monteil en Dauphiné ; on voit que c'est toujours le point de départ de leur établissement féodal et le plus ancien de leurs noms d'apanage.

Depuis quinze ans j'ai puisé les preuves de tout ce qui précède dans plus de cinq cents volumes d'histoire et de généalogie, et je les conserve à l'appui.

SEIZIÈME ASCENDANT

Giraudet Adhémar de Monteil, troisième fils de Giraud Adhémar de Monteil, seigneur de Grignan, et d'une dauphine d'Auvergne, forma la branche de Rochemaure à son retour de la première croisade.

Il avait eu, par le partage du 26 décembre 1095, la moitié de

Monteil, la seigneurie de la Garde, *de Ménouillon*, de la Chaux et plusieurs autres terres.

Gui Allard dit que par une autre transaction qu'il passa avec son frère Giraud en 1119, il eut encore les terres de Pierrelatte, *de Donzère*, Montpensier, Châteauneuf du Rhône, Tulette et Venterol en Dauphiné; *du Teil en Vivarais*, Vauréas et Rousset au Comtat Venaissin, et qu'il épousa, le 18 avril 1104, *Alix de Polignac, sœur d'Héracle vicomte de Polignac*, son frère d'armes à la première croisade.

Guillaume-Hugues Adhémar de Monteil, fils du précédent, seigneur de la Garde et de la moitié de Monteil, eut pour femme, selon Gui Allard, Laure de Genève, et transigea avec son frère en 1140.

Le marquis d'Aubais (*Pièces fugitives*, t. Ier, *Histoire des guerres du Comtat Venaissin*, p. 320) rappelle que Guillaume-Hugues de Monteil fut présent, avec Rostaing de Posquières, Rostaing de Sabran, Elzéar de Castries, Pierre Bermond de Sauves et Aimeri de Narbonne, à la promesse qu'Alphonse Jourdain, comte de Toulouse, fit aux trois fils de Bernard Athon, vicomte de Béziers, de les laisser jouir en paix de leurs villes, bourgs et châteaux.

Il fit donation de quelques héritages aux Frères Templiers de Richeranches en 1156.

L'un des neuf chevaliers fondateurs de l'ordre du Temple était un Adhémar; mais ne sachant à quelle branche il appartenait, je n'en parle ici que pour mémoire.

Lambert Adhémar de Monteil, fils du précédent, seigneur de la Garde et coseigneur de Monteil, se révolta contre son père et l'assiégea dans le château de la Garde. Cette action dénaturée porta son père à le déshériter et à donner la ville de Monteil à son frère Giraud par un acte du 19 mars 1179, qui fut approuvé par l'empereur Frédéric Ier le 20 août de l'année suivante.

Cette donation fut la source de nouvelles violences que Lambert exerça contre son oncle et son cousin, qui furent enfin obligés de s'accommoder avec lui le 8 mai 1190.

Il jura avec Guillaume-Raymond Adhémar de Monteil ou du Theil, son cousin, obéissance et fidélité à l'Église, entre les mains du légat Milon, comme l'avaient fait à Saint-Gilles les autres barons provençaux, et lui livrèrent, pour sûreté de leurs promesses, la ville de Monteil et plusieurs autres forteresses, que le légat donna en garde à l'évêque de Viviers, le 12 juillet de l'an 1209.

Lambert et Giraud Adhémar, son cousin, furent excommuniés par une bulle du pape Innocent III, du 15 avril 1212, adressée à l'évêque d'Uzès et à l'abbé de Cîteaux, son légat en France, pour avoir établi des péages et d'autres droits exorbitants dans leurs seigneuries de Châteauneuf du Rhône et de Donzère.

Lambert alla rejoindre à Avignon Raymond le Jeune, septième du nom, comte de Toulouse, avec plusieurs autres chevaliers, en 1216, pour aider ce prince à reprendre le Comtat Venaissin, que son père lui avait cédé, mais dont le comte de Montfort s'était rendu maître.

De là il se rendit à Toulouse sous les enseignes du comte Raymond le Vieux, qu'il aida à défendre cette ville assiégée par les croisés. Il fut marié avec Tiburge de Baux, fille de Bertrand, sire de Baux, et de Tiburge de Montpellier Omelas, princesse d'Orange.

Ce nom de Tiburge (Tielberga) est particulier à la maison d'Adhémar de Monteil; c'est elle qui le rapporta du Nord dans le Midi, où il fut adopté par les Baux, Sabran, Pelet, et quelques autres familles alliées. La première fois qu'il apparaît dans l'histoire, c'est porté par Tiburge, femme de Lothaire roi de Lorraine, au concile de Metz, en 859, lors de leur procès en séparation.

Hugues Adhémar de Monteil, fils du précédent, seigneur de la Garde et coseigneur de Monteil, reçut hommage de *Guillaume et Isoard Artaud.*

Il épousa Alix de Belvène et vécut de 1200 à 1268.

Lambert Adhémar de Monteil, fils du précédent, seigneur de la Garde, de Valaurie, de Chaux, etc., et coseigneur de Monteil, *rendit hommage (le premier dont il soit fait cette remarque)* à Alphonse de France, comte de Toulouse et de Venaissin, entre les mains de Jean de Sarnay, sénéchal du Venaissin pour les châteaux de la Garde, de Châteauneuf de Montpensier, près du Rhône, Châteauneuf d'Almazan, pour le quart de Sauzet, pour la moitié de Crest–Arnaud, pour les terres d'Aout, Rac, Divajeu, Rossas et Savasse, le 22 juillet de l'an 1271.

Il fut marié avec Mérande Adhémar, dame de Rochemaure, fille et héritière de Giraud Adhémar et de Tiburgette de Sabran–Amie, dont il eut plusieurs enfants, en faveur desquels il fit son testament, le 28 juin 1290.

Ce fut cette branche qui fournit Aimar Adhémar, archidiacre de Reims, qui fut élu évêque de Metz en 1327, et soutint des guerres violentes contre le duc de Lorraine. Sa vie est dans Pithon Curt et dans Moreri. Il avait engagé le comté de Vaudemont à Raoul duc de Lorraine pour dix mille livres tournois, et ce comté fut toujours depuis l'apanage des cadets de la maison de Lorraine. Il fut témoin, le 28 décembre 1357, à la confirmation du traité d'alliance qui avait été conclu entre l'empereur Charles IV et Jean II, roi de France.

Plus tard cette branche donna encore Raymond Adhémar de Monteil, prieur de l'église cathédrale de Metz, qui quitta cette dignité pour se marier.

La descendance de cette première branche d'Adhémar se continua dans les aînés, et il est inutile de la rapporter ici; je m'occuperai maintenant de la seconde branche de Rochemaure pour avoir l'historique du château du Teil; puis j'en reviendrai à ce qui touche uniquement la branche connue sous le nom de Tillia ou Tilio d'abord et du Teil ensuite.

Giraud Adhémar de Monteil, quatrième fils du précédent Lambert, seigneur de la Garde, coseigneur de Monteil et de Mérande Adhémar de Rochemaure-en-Vivarais, succéda aux biens des anciens seigneurs de Rochemaure par la cession qui lui en fut faite par un codicile de *Guigues Adhémar, grand-maître de la milice du Temple*, son frère, du 28 juillet 1296, quoique celui-ci en eût déjà disposé en faveur de Hugues, son autre frère, et de ses enfants ; mais Giraud ayant transigé avec eux, il eut la seigneurie de Rochemaure et une partie de celle de Monteil et de la Garde.

Il fut caution de l'accommodement fait par le roi Philippe le Bel, le 25 janvier 1285, entre Robert II duc de Bourgogne et Humbert sire de la Tour-du-Pin, dauphin de Viennois, qui fut souscrit par plusieurs seigneurs du Dauphiné : Aimar de Poitiers, Josseran de Saint-Didier, chevaliers, Roger, seigneur de Clérieux (*lequel était Adhémar de Poitiers, Saint-Vallier aussi*), Eudes, sire de Tournon, et Josseran de Saint-Didier, damoiseaux. Le mardi avant la Toussaint de l'an 1296, il reçut hommage d'Aimar de Poitiers, comte de Valentinois, pour la pairie de Sauzet.

Et par acte passé dans le verger de Guillaume de Bannes près de la ville de Monteil, le mardi des Rogations de l'an 1300, il céda en présence de tous, et sous l'autorité de l'archevêque de Vienne et de l'évêque de Viviers, *le fief de la Tour de Verre et soixante livres de rente sur son péage de Rochemaure en compensation de soixante et dix mille sols qu'il devait à Guillaume Adhémar de Donzère, pour reste du prix de la terre du Teil-en-Vivarais que celui-ci lui avait vendue.*

Catel, dans son *Histoire du Languedoc*, affirme que l'ancienne ville de Monteil était située sur la rive droite du Rhône en Languedoc, c'est-à-dire dans la situation du Teil actuel. Cette opinion peut être rationnelle, si l'on considère que les terrains où se trouve Montélimar devaient être anciennement très-marécageux et souvent submergés par les crues du Rhône. Montélimar aurait été fondé par les Adhémar vers l'époque des croisades, et le déplacement du cours du fleuve et les persécutions contre les Albigeois en Languedoc auraient convié les habitants du vieux Monteil à s'y transporter.

Quoi qu'il en soit, les historiens hésitent pour décider dans lequel des deux Monteil siégèrent les conciles de 1208 et de 1248 au sujet de l'hérésie des Albigeois. *Celui de 1248 fut trans-*

féré à Valence par le légat du pape avant d'avoir siégé à Monteil.

Giraud servait parmi les chevaliers de la sénéchaussée de Beaucaire, dans l'host de Flandre avec vingt hommes d'armes et cinq cents sergents à pied, en 1304, et convint, par acte du 9 juin 1308, avec ses neveux, d'une substitution masculine qu'il confirma par son testament du 3 novembre 1310. Artaud N..., sa femme, le rendit père de plusieurs enfants, etc.

Cette branche des Adhémar de Monteil, derniers seigneurs de Rochemaure, ne dura pas ; elle s'éteignit, vers 1410, en la personne de Sybille Adhémar, qui fut mariée deux fois : 1° avec Louis de Bermond d'Anduze, seigneur de la Voûte ; 2° le 15 octobre 1366, avec Jean de Pontevez, seigneur de Bargème, qui fit son testament le 7 mars 1410.

On ignore quels enfants naquirent de ces deux unions ; mais une fille, *héritière du château du Teil*, épousa Pierre de Chastel de Montagne, car dès 1428 on voit figurer ce dernier avec le titre de seigneur du Teil au mariage de Catherine Alberti avec Geoffroi de Bondillon ; et il ne peut pas y avoir de doute sur l'authenticité de son titre, puisque c'est sa fille unique, Louise de Montagne, qui apporta la terre du Teil à son mari, Antoine du Rye de Lauberge, dont les deux filles uniques, Jeanne et Gabrielle de Roye de Lauberge, épousèrent les deux frères, Antoine et Aimar de Vaesc, vers 1460.

Aimar de Vaesc seul eut des enfants, et le fief du Teil resta dans cette maison jusqu'à la mort de Laurent de Vaesc, son descendant, tué à la reprise de Montélimar par les calvinistes en 1588.

Jeanne de Vaesc, sœur de Laurent, avait épousé en 1571 Jean de Bannes, marquis de d'Avejan, et par la mort de tous ses frères et sœurs sans enfants, c'est elle ou sa fille qui a hérité de la terre du Teil vers 1620, époque où disparurent les derniers rejetons de cette branche de Vaesc, et où le titre de seigneur du Teil apparaît porté par la maison d'Hilaire de Joviac, après un mariage avec une demoiselle de Bannes.

Les Hilaire de Joviac possèdent encore aujourd'hui la terre et les ruines de l'ancien château fort du Teil ; ils ont fait bâtir en amont du bourg un château moderne au-dessous de l'ancien

fort, dont la base et les pierres servent à faire la fameuse chaux
hydraulique du Teil, connue dans le monde entier, et qui a été
employée surtout pour la nouvelle jetée d'Alexandrie ainsi qu'au
môle du Callao, au Pérou.

*La terre du Teil, considérée comme partie intégrante du fief
de Monteil, si l'on s'en rapporte à l'opinion de Catel, ou seulement comme partie dépendante, en plaçant le vieux Monteil à
Montélimar, est restée six cents ans dans la descendance
d'Adhémar, depuis Giraud, premier seigneur souverain de Monteil
par investiture de Charlemagne, jusqu'à Sybille Adhémar.*

*Ce nom, souvenir des Volsces Arécomiques, l'un des plus anciens
peuples de l'antique Gaule et contemporain de Jules César,
impatronisé par la volonté de Charlemagne dans le premier
royaume de la chrétienté, porté par le chef religieux de la
première croisade, illustré par le souvenir de Napoléon avec ceux
de la France nouvelle, jusqu'ici ignoré, mérite d'être classé
parmi les plus nationaux du pays, ou bien il faudrait désespérer
de voir jamais notre histoire être autre chose qu'une exposition
acrimonieuse des partis, sans le feu sacré du patriotisme.*

DIX-SEPTIÈME ASCENDANT

Giraud Adhémar de Monteil, deuxième fils de *Giraudet Adhémar* et *d'Alix de Polignac*, seigneur de Grignan et coseigneur de
Monteil, transigea avec son frère aîné en 1140 et eut en partage
la seigneurie de Rochemaure et le Teil-en-Vivarais, le mandement
de Mirmande et Condillac, et en 1160 il confirme, de concert avec
son frère Guillaume-Hugues, seigneur de la Garde et coseigneur
de Monteil, par une charte authentique, les priviléges et libertés
autrefois concédés par leurs ancêtres aux habitants de la ville
de Monteil ; et, après avoir énuméré les libertés, immunités
et franchises accordées, s'être réservé juridiction pleine et
absolue, droit de haute et basse justice, en un mot souveraine puissance et autorité, et l'hommage à chaque changement de seigneur et de pape, les deux frères défendent à

partir de ce jour et à l'avenir tous délits et forfaits publics contraires au droit divin et humain, savoir les maisons de débauche, les courtisanes, les corrupteurs de la jeunesse, les adultères, les homicides, les profanateurs et les sacriléges, et ils ordonnent que tous ceux qui seront pris en flagrant délit soient aussitôt jetés en prison, punis et envoyés en exil sans espoir de pardon ni de retour dans leur ville de Monteil ni sur toute l'étendue de leurs terres, soit de l'Empire soit du Royaume.

Giraud Adhémar de Monteil épousa Tiburge Pelet d'Alais.

C'est l'alliance avec cette branche des Adhémar de Monteil, seigneurs exclusifs de la Garde, de Rochemaure et du Teil-en-Vivarais, avec les Polignac si richement dotés en Auvergne à cette époque, qui donne le point de départ des maisons de Tailla et du Teil dans les deux provinces.

Le Teil-en-Vivarais est bien antérieur et plus important que tous les autres endroits qui ont porté le même nom ; c'est la branche de Giraud Adhémar de Monteil qui le posséda en propre dès avant l'an 1095, et ce fut lui qui pour se distinguer de ses parents commença à prendre indifféremment le nom de Monteil ou Teil, sans le faire précéder de celui d'Adhémar. Son fils Giraud-Hugues suivit le même exemple ; Guillaume Raymond continua, ainsi que son frère ou cousin germain Aimar du Teil, seigneur de Mélas, comme il appert de divers actes dans lesquels ils figurent comme arbitres ou témoins, et ce sont les frères collatéraux de ces deux générations qui s'établirent, les uns en Auvergne dans les héritages de leur mère et grand'mère Alix de Polignac, les autres à Apt et à Avignon où on les retrouve avec le nom de Tilla ou Tailla seul, et les autres continuent la branche de Monteil du Vivarais et du Valentinois, rapportée par Pithon Curt, dont toutes les alliances se rattachent en Dauphiné à la Bourgogne et à l'Auvergne.

Je me contente de rapporter ici l'histoire d'Amien ou Amédée de Monteil pour expliquer l'intimité de nos relations au XVIᵉ siècle avec la famille Colombi, dont l'un des membres vante notre ancienneté et notre illustration dans son *Histoire de la ville de Manosque.*

Amien ou Amédée de Monteil, seigneur du Port–Saint-Vallier et d'Auzon, coseigneur de Boucieu, transigea en 1555 avec le vicomte de Châteauclos (Polignac), pour raison de quelques fiefs qu'il avait à la gauche et à la droite du Rhône et rendit de bons services au roi pendant les troubles de la Ligue, ayant contenu une partie du Vivarais dans l'obéissance de Henri III au moyen d'une garnison qu'il entretint dans son château de Boucieu.

Il fut marié : 1° par contrat passé devant Motinot et Fixionas, notaires, le 24 janvier 1571, avec Sidoine Baron, fille de Jacques, seigneur du mandement d'Auzon, autorisé par Gaspar de Martel, abbé d'Huyron son oncle, par Catherine de Martel, prieure de Sainte-Colombe de Vienne et Anne Gabrielle de Martel ses tantes, et par Just Baron, son frère, qui la dota de 3000 livres tournois, sous le bon plaisir de Floris de Martel, seigneur de Saint–Rix, son oncle et son tuteur.

Il épousa en secondes noces, par contrat passé au château de Boucieu, le 18 janvier 1579, devant Fleury Colombet et Guyot Broles, notaires de Tournon, Anne de la Font, fille et héritière de Pierre de la Font, lieutenant au bailliage de Vivarais et de Valentinois, et de Madeleine Emeri, qui la dota de 1666 écus et 2/3 d'or.

Il fut fait prisonnier par les calvinistes en sortant de son château de Vilette près de Vienne, au mois de mai 1577, et vendu à Bernardin Chabert d'Annonay, qui le mit à rançon et lui fit souffrir de grandes indignités, et qui, après l'avoir traîné de prison en prison pendant plus de six mois, malgré l'édit de pacification récemment publié, *lui extorqua une donation en faveur du nommé Vital Colombi, notaire d'Annonay, son neveu, le 14 novembre suivant; mais il révoqua cette disposition par un acte fait devant Fleury Colombi, notaire d'Annonay, le 6 décembre de la même année.*

Il fit son testament devant Ecorat, notaire à Champagne-en-Dauphiné, le 4 juin 1609 en faveur de ses enfants Balthazar, Joachim, Jean et Marie de Monteil.

Cette branche se continua et existe peut–être encore; au moins j'ai connu à Saint-Jean-en-Royans, en 1842-1850, un

notaire du nom de Monteil, qui prétendait en descendre et disait
à mon père avoir eu occasion de voir beaucoup de titres dans les
anciennes études de notaire de Valence, Saint–Paul–Trois–Châteaux, Nyons et Montélimar, prouvant sa consanguinité.

DIX-HUITIÈME ASCENDANT

*Giraud-Hugues de Monteil, fils de Giraud Adhémar de Monteil et
de Tiburge Pelet d'Alais*, seigneur de Rochemaure, Mirmande, etc.,
reçut de son père la seigneurie de la ville de Monteil, après que
ce dernier eut été mis en possession par son frère, Guillaume-
Hugues Adhémar de Monteil, au lieu et place de son neveu Lambert, qui fut déshérité pour avoir assiégé son père dans le château
de la Garde et avoir causé la mort de son frère tué pendant
l'assaut.

Cet acte est du 19 mars 1177; il fut approuvé par l'empereur
Frédéric Iᵉʳ, le 20 août 1178. Giraud avait épousé Talesa de
Moncade.

DIX-NEUVIÈME ASCENDANT

*Guillaume-Raymond de Monteil ou du Teil, fils de Giraud-
Hugues de Monteil et de Talesa de Moncade*, prit part à la troisième croisade de Philippe-Auguste; il est cité dans la liste des
chevaliers croisés du *Nobiliaire d'Auvergne*, de Bouillet; puis,
après son retour, on le trouve avec Hugues-Florent, prêtre de
Vaison et plus tard évêque d'Orange; Isnard Barrière, sacristain
de Saint-Paul-Trois-Châteaux; Pierre Ballaroté, Rostaing de Maul-
sang et Rican de Lisle, arbitre des différends que Rambaud de
Montpellier et Guillaume de Baux avaient dans la principauté
d'Orange, au mois de mars 1203.

Plus tard Guillaume-Raymond, uni à son cousin Lambert
Adhémar de Monteil, jura obéissance et fidélité à l'Église entre
les mains du légat Milon, et on leur livra pour sûreté de leurs

promesses la ville de Monteil et plusieurs autres forteresses que le légat donna en garde à l'évêque de Viviers : cet acte est du 12 juillet de l'an 1209. Il est aussi cité par le frère Fantoni, dans son *Histoire d'Avignon*, t. II, p. 90 et 91, comme témoin dans l'arbitrage de l'évêque Guillaume de Monteil et de l'archevêque d'Aix Bermond Cornuty, rendu dans la querelle de la noblesse avec la bourgeoisie et le peuple d'Avignon, au sujet des taxes et des impôts en 1215. En étudiant attentivement cet acte, on remarque que Bermond Cornuty représenta la noblesse feudataire du Comtat et Guillaume de Monteil les citoyens d'Avignon ; que les témoins signèrent séparément et chacun pour le parti auquel il appartenait, mais que les mêmes familles se trouvaient divisées par leurs intérêts ou leurs opinions : ainsi Pierre de Monteil signa avec Bermond Cornuty et Raymond du Teil avec Guillaume de Monteil.

Guillaume-Raymond prit parti, de même que son cousin Lambert, pour les comtes de Toulouse Raymond VI et Raymond VII dans leur résistance aux croisés de Simon de Montfort et de Louis VIII, et ce fut à la suite de ces guerres malheureuses qu'il se joignit aux croisés catalans et aragonais qui reprirent Majorque sur les Sarrasins. Voici la traduction de la chronique catalane de Bernard d'Esclot qui en fait mention.

« Quand Guillaume de Moncade sut que le roi don Jaime avait pris la croix, il résolut de le suivre et fit part de sa détermination à son cousin et à quelques autres chevaliers pour qu'ils se rendissent à Barcelone et de là à Majorque. Tous le lui accordèrent volontiers, prirent la croix, et, après avoir fait l'approvisionnement d'armes et de chevaux nécessaire, ils choisirent les capitaines ou chefs de la troupe des croisés, c'était : Guillaume de Moncade, son cousin germain ; Raymond de Salses, seigneur de Solsone ; Raymond de Tilla et Arnaud de Villars, tous chevaliers de renom et des plus accomplis. L'expédition est de 1228.

Guillaume-Raymond du Teil fut tué à la bataille de Majorque, et c'est en mémoire de cette mort lointaine que Rostaing du Teil, son fils, et Élisabeth de Simiane, femme de ce dernier, accordent pour le *repos de l'âme* de leur père et beau-père des priviléges et donations à l'église d'Apt.

Il avait épousé Alix de Sabran, fille de Rostaing de Sabran, connétable du comté de Toulouse de l'an 1200 à 1206.

Amaury du Teil, seigneur de Melas, était frère ou cousin germain de Guillaume Raymond du Teil; son existence est affirmée par une charte du 2 avril 1198, par laquelle Giraud et Lambert Adhémar de Monteil, seigneurs suzerains de Monteil par indivis, assistés de leurs deux fils aînés Giraudet Adhémar, baron de Rochemaure, et Hugues Adhémar, baron de la Garde et en présence de leurs vassaux et officiers, Jean de Marsane, Laurent Ripert, Hugues de Marsane, Étienne de la Mothe, Isoard de Mont, Lambert Moret, Michel Raoul et quelques autres syndics et procureurs, accordent des immunités et priviléges à l'Université de Monteil et confirment les anciennes donations faites par les chartes de 1094, 1099 et 1160.

Voici la traduction de la fin dudit acte : « Acte passé dans le château de Monteil, en présence des témoins, nobles hommes : Hugues de Donzère, habitant notre lieu de Pierrelatte, seigneur de Saint-Paul de Popet, du fief de Mornas, diocèse d'Orange ; *Amaury du Teil, seigneur de Mélas* ; Lambert de Pampelonne, seigneur de Saint-Victor, au diocèse de Viviers ; Hugues Jaille de Vaesc, seigneur de Saint-Philippe de Rochemaure, habitant à Sauzet ; Lambert Rolland, seigneur de la Bastide, au diocèse de Valence ; Henri Amic, coseigneur de Rochefort ; Louis d'Alonde, *Elzéar de la Tour de Vizan*, maintenant habitant au lieu de la Laupie, habitant et bailli du lieu d'Alonde ; Jean Burgondiou, coseigneur du château de Montpensier sur le Rhône, au diocèse de Saint-Paul-Trois-Châteaux ; Hugues Larnos, damoiseau, et plusieurs autres nobles et honorables hommes ; les notaires sont Guillaume Arnaud et *Bertrand Boniceri*, du présent habitant la ville de Saint-Paul-Trois-Châteaux, et avec eux Renaud et Isoard Pogel, habitants de Monteil, qui tous ont signé les présentes de leur propre main et de leur signe habituel. »

Ce titre, inséré au cartulaire de Montélimar, est considéré comme faux par l'abbé Chevalier ; mais dans ce cas les noms des témoins ont été choisis bien véridiques, puisque tous existaient à cette date, et trois se retrouvent avec les changements de prénoms nécessaires dans un acte authentique de 1287 par lequel Philippe Ripert rend hommage à Hugues Adhémar de Monteil, baron de la Garole ; lequel titre est relaté ci-après.

VINGTIÈME ASCENDANT

Rostaing du Teil, fils de Guillaume Raymond du Teil et d'Alix de Sabran, seigneur du Teil et de Sainte-Croix, épousa Élisabeth de Simiane, fille de Bertrand de Simiane, qui fut excommunié en 1246 par Geoffroi II, évêque d'Apt.

L'année suivante, 1247, Geoffroi se réconcilie avec Bertrand de Simiane et lui baille en fief les lods de la cité d'Apt et le château de Saint-Martin, sous une redevance annuelle et avec la caution de Raymond de Caylar et de Guillaume de Martortel, qui tous les deux étaient de la maison de Sabran des comtes de Forcalquier.

Rostaing du Teil et sa femme Élisabeth de Simiane, du consentement de leurs enfants, Hugues, Jean Ier et Raymond II du Teil, donnèrent pour *le repos de l'âme* de Raymond, chevalier, leur père, beau-père et grand-père, à l'église d'Apt, une place située au-dessous de leur mas de Sainte-Croix, franche et quitte de tous droits et servitudes, ainsi que les bâtiments qui y sont construits, par acte du mois de décembre 1250. Ce titre, dont l'original en parchemin est conservé dans nos archives, était scellé du sceau de Rostaing et de celui des consuls de la ville d'Apt ; il est relaté *in extenso* dans le tome IV de la *Revue historique de la noblesse*, de Borel d'Hauterive, page 412 ; de même que tous ceux très-anciens que nous possédons en original.

VINGT ET UNIÈME ASCENDANT

Raymond II, fils de Rostaing du Teil et d'Élisabeth de Si-
miane, seigneur du Teil, de Sainte-Croix, et coseigneur du
château de Saint-Martin, du chef des droits de sa mère avec ses
cousins Bertrand Raybaud d'Agout et Bertrand Raybaud de
Simiane, prit part aux guerres et aux démélés de son temps.

Il avait épousé Douce de Gironde, petite-fille ou nièce d'autre
Douce de Gironde , qui en 1160 et 1180 avait donné partie de ses
biens à la commanderie de l'ordre du Temple de Richeranches,
à laquelle avait déjà fait des donations Guillaume-Hugues de
Monteil, en 1156.

Le 17 août 1282, Raymond du Teil reçut acte de foi et hommage de Raymond Artaud, chevalier, qui reconnut tenir de lui
tous ses biens situés dans le territoire du château de Saint-
Martin, et lui prêta serment de fidélité à mains jointes et avec le
baiser de paix.

L'acte, dont nous possédons l'original en parchemin dans nos
archives, fut passé au château de Saint-Martin, par-devant Guillaume de Ponteterve, notaire de Charles d'Anjou, roi de Sicile,
et des consuls d'Apt.

Les témoins furent Pierre de Châteauneuf, de la maison de
Sabran; Jacques de Gironde et Raymond-Jean de Grillac, recteur
du Comtat Venaissin, et le même qui reçut au nom du pape l'hommage de Guigues Adhémar de Monteil, grand-maître des Templiers.

Il est bon d'établir ici que le château de Saint-Martin est un
des plus anciens fiefs connus de la Provence ; l'histoire de l'évêché
d'Apt dit qu'il fut donné à l'église cathédrale de Notre-Dame par
Milon Montagne, comte d'Apt, à la prière de l'évêque Scudart,
en 835, et la maison des Artaud était, à l'époque de l'acte relaté
ci-dessus, une des plus puissantes du Dauphiné et de la Provence,
certains généalogistes la disent issue des comtes de Forcalquier;
et Borel d'Hauterive, dans la généalogie des Ripert de Monclar
(*Annuaire* de 1864), donne comme souche aux premiers Artaud

de Montauban, les seigneurs de Mevouillon ou Méouillon. *Or la terre de Méouillon figure au partage de* 1095 entre Giraud, Lambert, *Giraudet* et Giraudonuet Adhémar de Monteil, et elle entre dans le partage de *Giraudet, aïeul direct de la maison du Teil. C'est ce qui explique les actes de foi et hommage rendus par les Artaud aux Adhémar de Monteil, branche de Rochemaure, et tous descendants de Giraudet Adhémar de Monteil.*

La même remarque est à noter pour la famille d'Albignac, qui en Auvergne et en Dauphiné rend des actes de foi et hommage aux Adhémar de Monteil et aux du Teil.

Raymond II du Teil eut pour frères Hugues et Jean Ier, mentionnés à l'acte de donation de leur frère Rostaing en 1250, et Bernard du Teil, dont Moréri dit : « Bernard de Provence, religieux de l'ordre de Saint-Dominique, brilla au xiiie siècle. Il naquit à Nismes vers l'an 1240, étudia à Paris où il reçut le grade de docteur, et enseigna la théologie en 1280 et les deux années suivantes ; on assure qu'il remplit diverses charges de son ordre en Provence ; *son véritable nom était Bernard de Tilla* ; il a écrit des commentaires sur quelques livres des écritures et un *Traité de l'âme* en deux parties, dont la première traitait de l'âme séparée du corps, et la seconde de l'âme unie avec lui ; il mourut à Avignon le 4 août 1292. Sa vie est dans toutes les histoires des frères illustres de l'ordre de Saint-Dominique, et quelques-unes l'appellent Bernard de Trilla ; je l'ai dans un très-vieil ouvrage espagnol.

Jean Ier du Teil figure dans un acte par lequel Philippe Ripert rendit hommage à Hugues Adhémar de Monteil, baron de la Garde, en présence d'Amaury, et Hugues Ripert, ses enfants, pour les fiefs qu'il possédait au Puy-Saint-Martin, aux mêmes conditions et en la manière que son aïeul Amaury les avait reconnues envers Hugues Adhémar, père du baron de la Garde.

Cet hommage fut rendu dans la maison épiscopale de Saint-Paul-Trois-Châteaux, en l'absence de l'évêque et en présence de Pons Alberti, abbé de Notre-Dame d'Aiguebelle ; de Giraudet Adhémar, baron de Grignan ; de Bertrand des Tours, du bourg de Vizan, *et de Jean du Teil, seigneur de Mélas*, et passé devant

Aimar Gontardi et Lambert Boniceri, notaires des seigneurs de Monteil, le 6 février 1287.

Ce titre est admis comme authentique par Pithon Curt, tome III, page 36, et il est à remarquer que deux des noms des témoins, *la Tour de Viran et du Teil de Melas*, et un de ceux des notaires *Boniceri*, se représentent comme dans l'acte réputé faux, du 2 avril 1198, d'où l'on peut conclure du moins que dans les chartes soupçonnées d'avoir été interpolées, le falsificateur avait toujours le soin de choisir des noms de témoins dont l'existence était de toute notoriété à la date de l'acte supposé.

Pons et Pierre du Teil, damoiseaux, neveux de Raymond II et fils présumés de Hugues, vendirent à Raymond d'Odefred un droit d'une émine de récolte qu'ils percevaient sur diverses terres et vignes situées dans le district de Gargas, au nord de la ville d'Apt et de la seigneurie de Sainte-Croix. L'acte, passé le 15 janvier 1272 devant les consuls de la ville d'Apt, est conservé dans nos archives.

Les témoins furent Béranger de Landa, Guillaume Aimini et Pons Martin.

Ce Pons figure dans une généalogie de Grignan sous le nom de Pons de Grignan, et l'auteur ajoute qu'il fut mis sous la tutelle de Doucet d'Odefred, son oncle maternel, par un acte qui paraît être de 1280; ces Odefred étaient, d'après le baron de Coston (*Étymologie des noms de lieux de la Drôme*), une branche de la maison d'Adhémar, qui furent les premiers seigneurs d'Odefred, antérieurement aux Du Puy.

Pierre de Monteil ou du Teil figure dans une liste des religieux d'Aiguebelle qui, avec l'abbé Raymond II de Chabrelly, procédèrent à une nouvelle délimitation des territoires de Valaurie et de Réauville, en assemblée solennelle tenue au monastère, en 1295, pour mettre fin aux contestations qui dégénéraient souvent en batailles à main armée.

VINGT-DEUXIÈME ASCENDANT

Bertrand du Teil, fils aîné de Raymond II du Teil et de Douce de Gironde, fut consul de Nîmes en 1276 et en 1280; il fit reconnaître, avec son collègue Pierre Ruffi, l'exemption de péage à laquelle avaient droit les habitants de Nîmes au passage et territoire de la Calmette, pour leurs laines, fromages et bestiaux, par jugement du sénéchal Guillaume de Pontchevron, du 5 décembre, rendu à Uzès.

Il reçut hommage de Pons d'Albignac, pour un fief dont la suzeraineté appartenait à Giraud Adhémar de Monteil en 1318. C'était le même Giraud de Monteil qui, en 1300, avait racheté de son cousin le château du Teil-en-Vivarais. Bertrand du Teil fut marié avec N. de Crussol.

Hugues Adhémar du Teil, son frère, intervint comme témoin dans deux actes du 2 février 1354 où Giraud de Monteil reconnaît les libertés des habitants de la ville de Montélimar (cartulaire de Montélimar).

Première charte du 2 février 1354, contenant les diverses franchises et libertés concédées aux habitants de Montélimar par magnifique et puissant homme Giraud Adhémar, damoiseau, seigneur de Montélimar au diocèse de Valence, en reconnaissance de toutes celles qui avaient été accordées par ses ancêtres. Elle finit ainsi : « Cet acte a été passé à Montélimar, dans l'ancien château fort du seigneur, en présence des témoins, nobles et discrets hommes Guigues Adhémar, seigneur de Saint-Alban; *Hugues Adhémar, seigneur du Teil*, oncles paternels du même seigneur de Monteil; Aimar Adhémar son frère, Raymond Trenelan, docteur ès lois; Pierre Melet, jurisconsulte de Viviers, et maître Guillaume Perot, notaire, pour tous lesquels présents et pour chacun, moi, Guillaume de Croix, soussigné, notaire public, confirme cet écrit en un seul ou en plusieurs exemplaires. »

Ce sont eux qui figurent comme héritiers de Rostaing du Teil ou de Monteil dans la liste des contribuants à la translation du saint-siége à Avignon après l'exaltation du pape Jean XXII en 1316, et l'incendie de l'église de Carpentras où résidait son prédécesseur Clément V.

VINGT-TROISIÈME ASCENDANT

Guigues du Teil, ainsi nommé de son cousin *Guigues Adhémar de Monteil, grand maître de la milice du Temple en* 1298, *fils de Bertrand du Teil et de N. de Crussol*, fut chargé par Charles d'Anjou, comte de Provence et roi de Sicile, d'une enquête sur la souveraineté de la navigation du Rhône, qui était revendiquée à la fois par les comtes de Provence et les rois de France, comme possesseurs de chacun une rive ; et cette enquête n'ayant pu mettre les parties d'accord, Guigues du Teil renouvela une protestation au nom de Charles d'Anjou contre les officialités de Beaucaire et de Nîmes, le 1er février 1307 (FANTONI, t. II, p. 119). Il signa aussi comme témoin un acte passé par le sire de Crussol, et dans lequel figurent plusieurs personnages du nom de Teil et de Monteil, en 1343. Ce titre est dans les archives du département de l'Ardèche, cartulaire de Mazan.

VINGT-QUATRIÈME ASCENDANT

Jean II du Teil, *fils de Guigues du Teil et de N...*, fut d'abord sergent d'armes du roi Jean II, et viguier de Saint-André et de Villeneuve-d'Avignon, sous les ordres de son parent Hugues Adhémar de Monteil, sénéchal de Beaucaire en 1358 (*il était appelé par surnom Jean l'Arbalétrier*) ; puis il se distingua, d'après les *Chroniques* de Froissard à la défense de Sancerre contre les grandes compagnies, en 1367.

Jean Aimery, Carsuelle, Lamit et le bâtard de Périgord, ayant formé le projet de surprendre la ville pour piller et s'emparer des enfants du maréchal qui était alors absent, réunirent leurs forces et vinrent au port Saint-Thibaut pour traverser la Loire.

Guichard Albregon, gouverneur de Sancerre, fut prévenu par

son frère qui était moine à l'abbaye de Saint-Thibaud, et eut le temps d'aviser le comte et les chevaliers des environs qui rentrèrent furtivement dans la ville et dressèrent une embûche aux compagnies.

Aimery et ses compagnons, après avoir traversé la Loire en bâteaux, avec leurs chevaux, les laissèrent pour attaquer à pied et sans bruit ; le comte, quelques chevaliers et leurs hommes d'armes les tournèrent, puis s'emparèrent des chevaux et, revenant sur eux par derrière, les défirent complétement.

Aimery fut blessé mortellement par Guichard Albregon ; Carsuelle, Lamit, Naudon, le bâtard de Périgord, Espiote, le bâtard de Lesparre, et tous les autres faits prisonniers ; les chevaliers qui se distinguèrent furent Guichard Dauphin, *Jean du Teil*, Gérard et Guillaume de Bourbon, le sire de La Palice, le sire de Mornay et autres.

L'année suivante, 1368, Jean du Teil passa en Espagne avec Bertrand Duguesclin et combattit à la bataille de Montiel, puis il rentra en France où on le voit assister comme parent, en 1370, à l'acte de vente que fit Gérionet de Saint-Amour de son château de Foucrène (Dom BETTANCOURT : *noms féodaux*).

Après la mort du connétable Duguesclin, il servit sous la bannière du duc de Bourbon, prit part au siége de Verteuil en Guyenne contre les Anglais, en 1381, et accompagna encore ce prince dans la guerre de Flandres où il combattit à la bataille de Rosebecque, le 29 novembre 1381.

Ce fut pendant ces guerres que Jean du Teil épousa Jeanne, fille du maréchal de Sancerre, avant que celui-ci fût fait connétable. Son nom ne se trouve plus dans les chroniques, et il est à présumer que sa veuve éleva son fils, Jean III du Teil, dans son pays de Touraine, car il ne reparut en Provence qu'après avoir déjà pris part aux guerres de Charles VII, en 1429.

Le connétable Louis de Sancerre, mort en 1402, fut enterré à l'abbaye de Saint-Denis dans la chapelle des Charles. Son cercueil était au-dessous de celui d'Arnaud Guillem de Barbazan, mort en 1431. Lors de la violation des tombeaux des rois, les deux cercueils furent ouverts le 22 octobre 1793, et la tête de

Louis de Sancerre était encore garnie de cheveux longs et partagés en deux cadenettes bien tressées (CHATEAUBRIAND).

Isnard du Teil, frère de Jean II, seigneur du Teil et de Sainte-Croix, conseiller et chambellan de Louis III, roi de Sicile, comte de Provence et de Forcalquier, suivit les traces des ses ancêtres et imita leurs exemples de piété et de bienfaisance.

Il fonda un hospice en faveur des pauvres et dota cet établissement en lui donnant une maison avec dépendances sise à Sainte-Croix.

Charles, comte du Maine, frère de Louis III, confirma la donation par lettres patentes du 24 février 1426, dont l'original en parchemin est dans nos archives.

Ce fut Tristan de la Taille, gouverneur pour le comte, qui les fit expédier.

Le même Isnard figure dans l'acte d'une donation faite à Montélimar par Louis Adhémar de Monteil à son fils Gonon, le 8 février 1425.

VINGT-CINQUIÈME ASCENDANT

Jean III du Teil, fils de Jean II du Teil et de Jeanne de Sancerre, plus connu dans l'histoire sous le nom de Jamet de Tillai.

Il assista, le 24 février 1429, à la réception de Jeanne d'Arc par Charles VII à Chinon, et fut un des premiers avec son parent, le sire de Villars, à admirer la franchise de son âme, le feu de ses regards et la naïveté de ses réponses ; et tous deux retournèrent dans Orléans assiégé, pleins d'enthousiasme pour la jeune prophétesse ; puis il se distingua au siége de Laon attaqué par les troupes de Jean de Luxembourg, en 1434.

Le connétable de Richemond, avec Gilles de Saint-Simon et Jean du Teil, qui commandait les gens du bâtard d'Orléans, s'approchèrent de Laon et parvinrent à ravitailler la place de vivres et d'hommes.

Jean du Teil prit part ensuite aux expéditions du roi René

d'Anjou pour conquérir le royaume de Naples ; mais ne voyant
que des insuccès il revint auprès de Charles VII et se distingua
au siége de Creil, sous les ordres encore du connétable de Richemond, avec son ami Pierre de Brézé, et fut du petit nombre de
ceux qui passèrent le pont de l'Oise, malgré la défense de
Charles VII, pour repousser l'attaque des Anglais commandés
par Talbot, en 1441.

En 1442, le roi fit un renouvellement dans son conseil, dont la
cause n'est pas expliquée, mais qui contribua à la meilleure
administration des affaires. Il éloigna de la cour l'amiral de
Cœtivy, sans lui ôter aucun de ses offices, et il appela dans ses
conseils Pierre de Brézé, Jean du Teil et Petit–Mesnil, auquel il
accorda dès lors beaucoup de confiance (SISMONDI).

En 1445 eut lieu la mort de Marguerite d'Écosse, femme du
dauphin Louis, dont la cause, à tort ou à raison, fut reprochée
à Jean du Teil. Voici textuellement ce que dit Barante dans son
Histoire des ducs de Bourgogne : « Pendant le séjour du roi à
Châlons–sur–Marne, la princesse Marguerite alla à pied, un jour
de grande chaleur, de Sarri, maison de l'évêque où se tenait la
cour, faire ses prières dans la ville de Notre–Dame–de–l'Épine et
fut prise d'une pleurésie.

La maladie sembla bientôt dangereuse ; les médecins s'aper-
çurent qu'elle avait un grand chagrin ; ses femmes l'entendirent
se plaindre, se désespérer, protester qu'elle était innocente de ce
qui lui était imputé et mêler à ses lamentations le nom de Jamet
de Tillai.

C'était un gentilhomme, bailli de Vermandois, que le sire de
Brézé avait depuis quelque temps fort avancé dans la faveur de
Charles VII. Son habitude était de parler assez librement sur
toutes choses et toutes personnes de la cour. « Ah ! Jamet, Jamet,
» disait la pauvre princesse, vous en êtes venu à votre intention ;
» si je meurs, c'est par vous et par les bonnes paroles que vous
» avez dites de moi sans cause ni raison ; » et elle se frappait la
poitrine en disant : « Sur mon Dieu, sur mon baptême, je n'ai
» pas mérité cela ; jamais je n'eus tort envers monseigneur le
» Dauphin. »

Elle n'avait pas une autre pensée et ne disait point d'autres paroles.

Chacun avait d'elle la plus grande pitié, et l'on entendit même le sire de Brézé, qui vint la voir, dire en se retirant : « Ah ! faux » et mauvais ribaud, c'est toi qui l'as tuée. »

Quand elle fut à l'heure de la mort, son confesseur lui commanda de pardonner à ses ennemis ; mais elle ne voulut pas pardonner à Jamet ; par trois fois elle s'y refusa.

Il fallut pour la décider les instances du prêtre et les remontrances de tous ceux qui étaient présents. « Ah ! disait-elle, si ce » n'était contre la foi de mon mariage je regretterais bien d'être » jamais venue en France ; » et lorsqu'on voulait lui donner quelques espérances : « Fi ! de la vie, répondait-elle ; qu'on ne » m'en parle plus. »

Cette mort était si triste, et les paroles de la Dauphine si publiques parmi toute la cour, que quelque temps après le roi ordonna une enquête contre Jamet du Tillai.

On interrogea les dames de la maison de la Dauphine ; aucune ne put dire autre chose sinon que la princesse, durant sa maladie et quelque temps auparavant, s'était plainte de Jamet et de ses discours, mais sans rien dire de précis.

Le chancelier fut commis pour recevoir la déclaration de la reine elle-même ; elle ne savait rien et racontait seulement à ce propos, sans témoigner ce qu'elle en pensait, que Jamet de Tillai était venu faire l'important auprès d'elle en lui disant les intentions du roi touchant un voyage qu'il voulait faire sans la reine.

D'autres témoins rapportèrent des paroles plus ou moins indiscrètes de Jamet sur la vie que menait la Dauphine, sur l'habitude qu'elle avait de veiller pour deviser ou pour faire des ballades ; sur ce qu'elle mangeait du fruit vert et buvait du vinaigre, ce qui l'empêcherait d'avoir des enfants.

Une fois, à Nancy, il avait fait grand bruit de ce que la Dauphine était un soir, sans torches ni bougies, couchée sur son lit, entourée de ses dames, et faisant la conversation avec le sire d'Estouteville. Le propos le plus grave qu'on lui imputa était d'avoir dit que : *la Dauphine avait plutôt l'air d'une paillarde que d'une grande dame.* Il nia ce propos et offrit le combat au sire de Dresnay (gentilhomme breton) qui l'avait rapporté ; il convenait des autres en les tournant de meilleure façon.

La chose en resta là, sans qu'on pût en savoir davantage ; ce qui est assuré, c'est qu'il avait pu suffire des moindres propos pour exciter la colère et la jalousie du Dauphin. Tout jeune qu'il fût, c'était le plus soupçonneux des hommes, et sa femme le craignait au delà de tout (Déposition d'Antoine de Chabannes, comte de Dammartin).

Jean du Teil, sans être disgracié, quitta la cour, et fit la campagne de Normandie avec le connétable de Richemond et René d'Anjou, roi de Sicile ; il prit part au siége de Cherbourg, en 1450, puis revint en Provence avec le roi René qui le fit son conseiller et maître d'hôtel, et, le 9 juillet 1453, lui concéda par lettres patentes, données à Gap, l'investiture franche et quitte de tous lods des places et forteresses qu'il pourrait conquérir dans l'étendue des comtés de Provence ; les témoins furent Gui de Laval, seigneur de Loué ; les sires de Grimaldi, de Rivière et Louis de Clermont ; cet acte est dans nos archives et fut donné par le roi René au moment où il commençait son expédition de Florence.

Lors de l'avènement de Louis XI, en 1461, Jean du Teil soutint Antoine de Chabannes, comte de Dammartin, dans sa disgrâce, et lui donna le conseil de se cacher et d'attendre les événements ; il fut plusieurs fois chargé de négociations entre René d'Anjou et Louis XI.

Il avait épousé Apollonie Le Groing, d'une très-ancienne famille du Berri, fille d'Elion Le Groing, grand-maître d'artillerie, gouverneur d'Armagnac, prévôt de Laon et bailli de Mâcon ; il vivait encore en 1469.

Sismondi, qui le premier après Duclos ait cité Jean du Teil dans son *Histoire des Français*, appartenait à une famille italienne fixée à Genève et dont une branche vivait à la Côte-Saint-André, en Dauphiné ; et lui-même, né en 1773, vint à la Côte-Saint-André jeune, lorsque mon arrière-grand-père en était seigneur. Ce fut certainement de sa part un souvenir qui le frappa lorsqu'il retrouva ce nom dans les *Annales*, il connaissait aussi la

branche protestante du Teil établie à Genève, éteinte seulement
au commencement de ce siècle, alliée aux La Chambre et aux
Parpaille, et dont le premier ascendant devait être de la même
branche et collatéral de Pierre de Monteil, avocat au présidial de
Nîmes, qui fut l'un des organisateurs et acteurs du massacre des
catholiques à Nîmes, le 30 septembre 1567 ; il est connu sous
le nom de Michelade (du jour de Saint-Michel). Ce Pierre de
Monteil fut quelques années plus tard premier consul de Nîmes,
en 1570 et 1587.

Jean eut pour fils Bertrand, dont il sera parlé, et Jean IV du
Teil, qui continua la descendance en Provence.

Bertrand du Teil, fils aîné de Jean III du Teil et d'Apollonie
Le Groing, s'attacha à la fortune de Louis XI encore dauphin. Il
suivit ce prince à Paris après son avènement au trône et se maria
en Touraine ou Berri d'où étaient sa grand'mère Jeanne de
Sancerre et sa mère.

Louis XI employa Bertrand au ravitaillement des places de la
frontière d'Espagne et entre autres à celui de Narbonne, avec
N. d'Amboise, évêque d'Albi, et Guérin Le Groing sire de Charlus,
son oncle, qui était très en faveur auprès du roi.

Louis XI nomma Bertrand son chambellan en récompense de
ses services et de ceux de son père par lettres patentes données à
Solesmes le 16 octobre 1476. Solesmes était une célèbre abbaye
située dans la province du Maine, aujourd'hui dans la Sarthe;
nous avons ces lettres patentes dans nos archives.

Jean du Teil, fils de Bertrand qui précède, et d'une mère dont
le nom ne nous est pas connu, a beaucoup marqué sous les
règnes de François Ier et d'Henri II. Son nom est écrit de diverses
manières, mais surtout Jean de Taye dans les *Chroniques*.

Du Belley, dans ses *Mémoires*, le cite pour la première fois en
1536 aux guerres de Piémont, et dit que bien qu'il fût Français
et gentilhomme à la chambre de François Ier, il avait levé un régiment de deux cents chevaux légers italiens et fit partie de l'armée italienne que le comte de Rangon leva par ordre de

François Ier pour inquiéter Charles V pendant son expédition en Provence.

Jean du Teil fut défait et pris à l'attaque de Cazal qu'il commanda avec le seigneur de Burie en 1537 ; aussitôt libre, on le voit à la campagne de Flandre, à Thérouanne et à Guinegate la même année.

Il prit part à toutes les guerres suivantes, et fut le premier *colonel général* des bandes françaises (infanterie) sous François Ier ; il se distingua à la bataille de Cérisoles en 1544. On rapporte de lui le trait suivant :

« L'infanterie française fut formée par le chevalier Bayard et le capitaine Molard, de la maison d'Alleman, son cousin, pour être opposée aux vieilles bandes espagnoles, alors les meilleurs fantassins de ligne. Ces nouveaux corps n'avaient pas entièrement acquis la solidité du champ de bataille et craignaient toujours d'être abandonnés pendant la mêlée par leurs officiers qui combattaient à cheval.

Le jour de la bataille de Cérisoles, Jean du Teil, comme colonel général, était à leur tête sur un très-beau genêt d'Espagne ; en voyant de l'hésitation parmi ses fantassins, il mit pied à terre au moment du combat et fit tuer son cheval à la vue de tous pour les bien convaincre qu'il était décidé à partager les mêmes périls.

François Ier le nomma plus tard grand-maître de l'artillerie, et c'est en mémoire de lui qu'il est de tradition dans la famille que nous avons servi dans l'artillerie depuis les commencements de cette arme.

Henri II, qui ne l'aimait pas, l'amena à se démettre de la grande maîtrise de l'artillerie au profit de sire de Brissac, M. Jean du Teil fut tué dans la tranchée au siége d'Hesdin en 1553. Il fut très-aimé de Mme d'Uzès, née Louise de Clermont-Tallard, et veuve déjà de M. du Bellay : c'est cette même femme qui intrigua pendant des années auprès des consuls de Nîmes pour se faire vendre la maison carrée dont elle voulait faire un tombeau pour sa famille (MESNARD, *Histoire de Nîmes*).

Brantôme attribue l'élévation de Jean du Teil à ces premières amours et sa disgrâce après la mort de François Ier à l'animosité de Diane de Poitiers sa parente. Montluc dit aussi que Henri II lui ôta la maîtrise de l'artillerie pour avoir dit du mal d'une dame de la cour, et que plus tard il en eut regret.

La branche de Jean du Teil s'éteignit en lui; il ne laissa qu'une fille, Charlotte du Teil, mariée d'abord à Claude des Essarts, puis en secondes noces à René, dit le comte Sauzai, vicomte héréditaire du Poitou, colonel de l'arrière-ban de la noblesse de France en 1568 et 1569.

VINGT-SIXIÈME ASCENDANT

Jean IV du Teil, second fils de Jean III du Teil et d'Apollonie le Groing, épousa : 1° par contrat passé devant Jean Clément, notaire à Manosque, le 29 août 1507, Jeanne Louet, fille de Louis Louet de Nogaret et de Jeanne Adhémar de Monteil de Grignan ;

2° Par contrat passé le 30 novembre 1522, devant le même notaire, Georgette d'Amalric, dont il n'eut pas de postérité.

Jean du Teil mourut le 2 mars 1538, et son corps fut enseveli dans le tombeau que ses ancêtres avaient au couvent des révérends Pères Observantins de Manosque, dans le sanctuaire à gauche du maître autel. L'acte de décès, dressé par les révérends Pères et dont une copie a été légalisée par le grand vicaire de l'évêque de Sisteron, qualifie Jean de noble chevalier, et cite avec grande considération ses ancêtres qu'il met au nombre des généreux fondateurs du couvent. Il laissa trois fils et deux filles.

La postérité de Jean IV n'ayant été continuée jusqu'à nos jours que par la descendance de son second fils Louis, je ne donne pas les autres branches éteintes dont la filiation se trouve dans la généalogie établie par Borel d'Hauterive.

VINGT-SEPTIÈME ASCENDANT

Louis I du Teil, ainsi nommé à cause de son grand-père maternel, second fils de Jean IV du Teil et de Jeanne Louet de No-

garet, reçut de son frère aîné Mathurin quittance du complément
d'une somme de 217 florins par acte passé le 1ᵉʳ novembre 1544,
devant Ferrand, notaire à Manosque. Il fit avec Espérite de Laugier, de Sébastianne, sa femme, devant le même notaire, le
17 janvier 1545, un acte d'arrentement à Pierre de Villemurs
(ce nom de Villemurs a été porté par la famille de Lavie d'Auvergne très-anciennement et depuis par la maison d'Estienne de
Provence, de laquelle sortirent les fameux imprimeurs).

Louis du Teil se distingua dans les guerres de Piémont et de
Montferrat sous les ordres du maréchal de Brissac, et fait prisonnier par Fernand de Gonzague, général des impériaux dans la
ville de Chuzan, dont il s'était emparé d'abord, en 1551 ; puis il
fut nommé mestre de camp et tué par les Vaudois auprès du Tour
à l'attaque de la vallée d'Angrogne, en 1560.

Il avait fait son testament le 25 août 1555 et demandé à être
enterré dans l'église des frères Observantins de Manosque, au
tombeau de ses ancêtres. Cet acte constate qu'il avait épousé
Espérité de Laugier de Sébastianne, des seigneurs de Pourchières, d'une ancienne famille de Forcalquier et qu'elle était
alors enceinte.

Il en avait déjà trois fils, Louis, Georges et Jean du Teil, dont
il va être question

Georges du Teil embrassa la carrière des armes, se distingua
dans les guerres civiles de religion et mourut sans alliance,
en 1578.

Jean du Teil, surnommé le capitaine du Teil, fut d'abord
capitaine d'une compagnie d'infanterie qui prit part aux
guerres de Castres, et le *Journal de Faurin* le cite comme ayant
séjourné dans cette ville, du 22 juillet 1571 au 25 septembre 1572.
Plus tard il mérita par son courage et ses talents la confiance de
Catherine de Médicis ; cette reine lui écrivit le 20 novembre 1574
pour lui recommander de venir la trouver à Avignon où elle se
rendait avec son fils Henri III, et l'engageant à suspendre l'ordre

qu'elle lui avait donné auparavant. Cette lettre est dans nos archives.

Dans une autre occasion, la reine Catherine étant à Saint-Brès, près Cognac, en 1586, pour une entrevue avec le roi de Navarre, convint d'une trêve; mais, sur les plaintes de ses conseillers qui craignaient les effets de cette mesure, et pour jeter du mécontentement parmi les Rochellais, elle crut de bonne politique de la faire rompre et chargea le capitaine Jean du Teil de prendre les arquebusiers qui se trouvaient à Niort et d'aller attaquer les deux régiments réformés de Neufvi et de Sorlu campés à Maillezais. Sorlu fut tué, Neufvi pris ainsi que tous les drapeaux. Les chroniqueurs qui traitent de ce combat appellent indifféremment Jean du Teil, le capitaine d'Esteil, l'Estell ou du Teil.

Jean du Teil fit ensuite, sous les ordres du duc de Nevers, avec l'armée du Poitou, la campagne de l'année 1588, pendant les États de Blois et avant la mort du duc de Guise; il prit part aux siéges de Mauléon, de Montaigu, et fit la reconnaissance de la ville de Ganache avec MM. de Sagonne, la Châteigneraie et Brigneux, où ils s'emparèrent par un coup de main du bourg de Saint-Léonard.

En 1589 il fut nommé gouverneur de Mayenne; puis en 1590, comme gouverneur de cette ville, il fut appelé à secourir le château de Sablé, attaqué par les troupes de la Ligue, avec le marquis de Vilaines et le sire d'Apchon.

Pendant que Jean du Teil était allé au secours de Sablé, le duc de Mercœur profita de l'occasion pour surprendre Mayenne; mais le gouverneur, prévenu, revint sur ses pas et put faire entrer un secours dans le château, puis il attaqua lui-même le faubourg Saint-Martin et rentra de vive force dans la ville d'où il chassa les ligueurs. En 1590 il prit part au siége et à la prise de la Ferté-Bernard, sous les ordres du prince de Conti rallié à Henri IV; il se trouvait au siége de Craon, en 1592; mais le duc de Mercœur étant venu au secours de la place, il y eut un combat très-vif auprès de cette ville où les ligueurs eurent l'avantage, et le capitaine du Teil fut fait prisonnier avec les sires d'Apchon, de Racan et de la Rochepôt et conduits à Nantes. Lorsqu'il recouvra la liberté, il retourna en Provence où il se rattacha au parti de la Ligue.

Jean épousa par contrat du 6 septembre 1616, passé devant Benost, notaire à Manosque, Louise de Bourdic, fille d'Antoine de Bourdic et de Jeanne Agnel de Bourbon, de la branche des Bourbons anciens, établis en Italie, avec Archambaud VI, et revenue en Provence par un mariage avec Marguerite de Vintimille.

Jean du Teil n'eut pas de postérité et testa en faveur de Jean-Pierre du Teil, son neveu, par son testament du 18 octobre 1627 reçu par Magnan, notaire à Manosque, et par testament olographe du 18 août 1633. Ce dernier acte, scellé du sceau et des armes de la famille, avait été confié en 1767 au chef de la branche établie en Lorraine pour être remis à mon arrière-grand-père, le baron du Teil.

Parmi les effets inventoriés après sa mort, on trouva une liasse de lettres à lui adressées par Chrétienne d'Aguerre, comtesse de Sault, chef de parti en Provence, ligueuse obstinée et affectionnée du duc de Savoie.

VINGT-HUITIÈME ASCENDANT

Louis II du Teil, fils de Louis Ier et d'Espérite de Laugier de Sébastianne, était premier consul de la ville de Manosque, en 1591, lorsque la peste ravagea la Provence. Il périt lui-même victime de son zèle et de son dévouement pour ses concitoyens, et sa mémoire est restée en grande vénération dans le pays.

Louis avait épousé le 21 juin 1579 Marquise de Boniface, fille de Jacques de Boniface et de Marguerite de Pontevez, et sœur de Joseph de Boniface, comte de la Môle, décapité à Paris le 30 avril 1574. Elle était de la ville de Forcalquier, de l'ancienne maison de Boniface qui a possédé en Provence les fiefs de Foubeton, Mazargues, la Môle, Colobrières, Haubert, Aiglon, etc., etc.

Suzanne du Teil, mariée à Joseph de Garidel (famille très-ancienne de Catalogne et puissante à Tortose, au xiii° siècle), nièce à la mode de Bretagne de Louis du Teil, poursuivit en reddition de comptes de tutelle Marquise de Boniface, veuve dudit Louis, et une transaction reçue le 11 août 1633 par Magnan, notaire à Manosque, termina la contestation.

Il appert de son testament olographe, enregisté le 10 juillet 1591, qu'elle n'eut de son mariage que Jean-Pierre du Teil.

VINGT-NEUVIÈME ASCENDANT

Jean-Pierre du Teil, fils de Louis II du Teil et de Marquise de Boniface, institué héritier du capitaine du Teil son oncle, par actes des 18 octobre 1627 et 18 août 1633, quitta Manosque et vint fixer son domicile à Forcalquier, où les maisons de Boniface et de Sébastianne, de sa mère et de son aïeule étaient établies. Il épousa dans cette ville, par contrat du 22 juillet 1606, Isabeau de Guérin, fille de Joseph de Guérin et d'Anne de Gassaud, et petite-nièce de l'avocat général au Parlement d'Aix, qui fut condamné à mort en 1550, en punition de ses persécutions contre les Vaudois.

En 1617 il fut pourvu de l'office de conseiller du roi et juge royal de la ville et du ressort de Forcalquier. Il laissa plusieurs enfants.

TRENTIÈME ASCENDANT

Polydore du Teil, fils aîné de Jean-Pierre du Teil et d'Isabeau de Guérin, seigneur de Beaumont, succéda à son père dans la charge de conseiller du roi et juge royal à Forcalquier. Il épousa le 2 octobre 1644, par contrat passé devant Fautrier, notaire de ladite ville, Hortense de Laugier de Sébastianne, des seigneurs de Pourchières (*je crois que cette terre est mal désignée et que c'est Pourrières, qui faisait anciennement partie des domaines des Sabran et des comtes de Forcalquier, et où se livra la bataille entre les Teutons et les Romains commandés par Marius*), famille à laquelle appartenait sa bisaïeule Espérite de Laugier de Sébastianne, femme de Louis Ier du Teil.

Je ne rapporte pas ici les descendants dont les branches sont éteintes et qui sont relatés à la généalogie dressée par Borel d'Hauterive.

TRENTE ET UNIÈME ASCENDANT

François du Teil, seigneur de Beaumont, second fils de Polydore du Teil et d'Hortense de Laugier de Sébastianne, fut officier au régiment de Picardie infanterie. Ses blessures le contraignirent à quitter de bonne heure le service, vers 1680. Il avait épousé Anne Marie de Trians, d'une ancienne famille de Provence, dont il eut deux fils.

Jean-Pierre du Teil, le second, fut officier au corps royal d'artillerie, chevalier de Saint-Louis, et mourut sans alliance des blessures qu'il avait reçues au siége de Fribourg-en-Brisgau, en 1713, sous les ordres du maréchal de Villars.

TRENTE-DEUXIÈME ASCENDANT

François II du Teil, seigneur de Beaumont, fils aîné de François Ier du Teil et de Anne Marie de Trians, chevalier de Saint-Louis, capitaine au corps royal d'artillerie, mourut comme son frère cadet des suites de ses blessures.

Il était venu s'établir en Dauphiné à la Côte-Saint-André où il avait épousé par contrat du 20 avril 1722 Marguerite de Chambaran, fille de Jean de Chambaran et de Jeanne du Vache, dernière de sa famille et dame de Pommiers.

Il eut de cette union Jean-Pierre du Teil, qui continua la descendance, et plusieurs autres fils dont il va être question ci-après :

Alexis du Teil, capitaine au corps royal d'artillerie, tué au siége de Madras, en 1746.

Jérôme du Teil, aussi capitaine d'artillerie, mort à Pondichéry des blessures qu'il avait reçues à Prague. Pendant cette guerre de l'Inde, il s'empara avec trois cents hommes de Mazulipatam et de la pagode de Trivadi, puis il en fut chassé par le commandant anglais Clive. Du Teil espérait se réfugier dans un fort voisin, mais le gouverneur de ce fort ferma ses portes pour ne pas s'exposer au ressentiment des Anglais. Ce refus livrait les Français à la merci des troupes coloniales ; Clive arrêta la lutte en faisant porter le drapeau de trêve aux vaincus. Les conditions furent bientôt réglées ; on convint que du Teil et trois autres officiers resteraient pendant un an prisonniers sur parole ; que la garnison serait échangée et que l'argent et les munitions seraient abandonnés au Nabab que soutenait la Compagnie.

Ce nom est écrit d'Auteul et d'Oteil dans les ouvrages anglais, les seuls qui donnent des détails, puisque toutes les histoires de France glissent en silence sur la guerre de l'Inde ; mais il n'y avait pas d'autres officiers d'artillerie portant un nom aussi semblable au nôtre, et nous avons des lettres d'Alexis et de Jérôme du Teil, écrites pendant la guerre, qui confirment ces faits.

Jean V du Teil, né en 1738 au château de Pommiers, en Dauphiné ; il fut d'abord surnuméraire dans l'artillerie à neuf ans, en 1747, et devint lieutenant-colonel en 1785, après avoir fait les campagnes de 1748 en Flandre, de 1758 à 1762 en Allemagne, et de 1779 sur mer.

Il se prononça pour les idées nouvelles et fut fait maréchal de camp en 1792 et général de division en 1793.

C'est en cette qualité qu'il commandait, dans les premiers temps du siége, l'artillerie devant Toulon. Voici ce qu'on lit dans les *Mémoires* du duc de Bellune. « Le matériel de l'ar- » tillerie était considérable, 91 canons de 24, etc., etc. Or ces » puissants moyens étaient dirigés par *Bonaparte*, car le général » du Teil, émerveillé de la justesse et de la supériorité de ses

» vues, s'était complétement effacé devant lui ; noble et rare
» abnégation. »

Personne n'a jamais bien jugé cette position de Bonaparte vis-
à-vis des deux généraux du Teil ; il faut comprendre par les
écrits du général de Gribeauval que l'artillerie était en voie de
transformation ; que les deux généraux du Teil, déjà vieux,
étaient les promoteurs de ces idées nouvelles sur leur arme, et
qu'ils considéraient Bonaparte, tout jeune, comme la personnif-
cation la plus brillante de leur école ; voilà pourquoi, toutes les
fois qu'ils en ont eu l'occasion, ils l'ont mis le plus en avant pos-
sible pour lui faciliter le moyen de se faire connaître.

Le général du Teil écrivit de Toulon au ministre de la guerre
Bouchotte : « Je manque d'expressions pour te peindre le mérite
» de Bonaparte ; beaucoup de science, autant d'intelligence et
» trop de bravoure, voilà une faible esquisse des vertus de ce
» rare officier ; c'est à toi, ministre, de le consacrer à la gloire
» de la République. » Envoyé sur sa demande à l'armée des
Alpes, il eut pour successeur dans son emploi le commandant
Bonaparte.

En 1800, sous le consulat, il commanda la place de Metz. Déjà
depuis longtemps chevalier de Saint-Louis il fut nommé en
1804 commandeur de la Légion d'honneur et fut admis à la
retraite, en 1813.

Il avait épousé à Metz, par contrat passé devant Vernières,
notaire, le 9 novembre 1771, Marguerite-Louise, fille de Georgin
de Mardigny et de Barbe Luce-Beysser. Il n'eut de ce mariage
que des filles qui n'ont pas laissé de postérité.

Après avoir quitté le service, il se retira dans sa terre d'Ancy-
sur-Moselle, où il mourut le 25 avril 1821, à l'âge de quatre-vingt-
deux ans. On a de lui : *Manœuvres d'infanterie pour résister à la*
cavalerie et l'attaquer avec succès. Metz, 1782, in-8° — *Usage de*
l'artillerie nouvelle dans la guerre de campagne. Metz, 1780,
in-8°.

Son portrait a été placé dans les galeries de Versailles.

TRENTE-TROISIÈME ASCENDANT

Jean-Pierre du Teil, baron du Teil, seigneur de Pommiers-lès-Saint-André, de Chars, des Rousselières, et fils aîné de François II du Teil et de Marguerite de Chambaran, naquit à la fin de 1722, au château de Pommiers près la Côte-Saint-André, entra comme cadet dans l'artillerie et servit à dix ans à l'armée d'Italie, de 1733 à 1735; à celle de Bohême, de 1741 à 1748, et à celle d'Allemagne 1757 à 1760.

En 1747, Jean-Pierre du Teil pris part au siège de Berg-Op-Zoom; il dirigea l'attaque de gauche dans le dernier assaut, et fut, après la prise, nommé major de la place. Il portait alors le nom d'un de ses fiefs et était appelé dans l'armée M. de Saint-André. Au commencement de cette même année, M. du Teil, un de ses parents d'une autre branche, remplaça le marquis de Puysieux comme plénipotentiaire aux conférences de Bréda. Ces détails sont tirés d'une *Histoire anonyme de Maurice comte de Saxe*, par un officier espagnol, que nous avons dans nos archives.

Il assista à plus de vingt sièges et de douze batailles, et fut nommé fort jeune chevalier de Saint-Louis, en récompense de sa valeureuse conduite à la bataille d'Hasteimbeck, où son oncle Jean-Ange du Teil fut nommé colonel.

A la bataille de Crevelt, où il était capitaine, il parvint à force d'énergie et de sang-froid à ramener ses pièces, dont les attelages et les canonniers avaient été fort maltraités, et que l'ennemi menaçait d'enlever. Les mémoires du temps disent que ce fut la seule batterie d'artillerie conservée complète après la bataille qui ne fut qu'une déroute, et un des généraux de cour se fit un mérite de cette action, dont la mémoire nous est restée de tradition. Jean-Ange du Teil se fit tuer pour ne pas survivre à la défaite.

Jean-Pierre du Teil fut nommé colonel du régiment de la Fère, en 1776, maréchal de camp en 1784, puis lieutenant-général. Il avait été appelé, dès 1779, au commandement de l'école d'artillerie d'Auxonne ; c'est là qu'il eut sous ses ordres le lieutenant *Bonaparte*. Frappé des qualités transcendantes du jeune officier, il le distingua, et saisit toutes les occasions de le faire briller, entre autres lors d'une inspection du prince de Condé, où il fit exécuter des manœuvres et une petite guerre qu'il lui donna à commander en passe-droit d'officiers plus anciens et plus gradés. Le rapport de ces manœuvres, signé de la main de Bonaparte, est dans nos archives. C'est à cette circonstance et à d'autres que se rapportait Joseph Bonaparte lorsque, à la Malmaison, il fit tous ses efforts pour décider Napoléon à ne pas faire fusiller le duc d'Enghien, et lui rappelant plusieurs occasions où il avait reçu des marques de bienveillance du prince de Condé.

L'empereur n'oublia pas l'affection et l'estime que son ancien général lui avaient montrées. On lit dans le quatrième codicile du testament de Napoléon Ier :

« *Nous léguons aux fils ou petit-fils du baron du Teil, lieute-*
» *nant général d'artillerie, ancien seigneur de Saint-André, qui*
» *a commandé l'école d'Auxonne avant la Révolution, la somme*
» *de cent mille francs, comme souvenir de reconnaissance pour*
» *les soins que ce brave général a pris de nous, lorsque nous*
» *étions lieutenant et capitaine sous ses ordres.* »

Jean-Pierre du Teil s'était fait remarquer, dès les premiers moments de la révolution, par son dévouement au principe monarchique, et par son énergie dans la répression d'insurrections militaires qui éclatèrent en Bourgogne, en 1789 et 1790. Dans l'une de ces occasions difficiles à Auxonne, en 1789, le général du Teil avait pris pour aide de camp le lieutenant Bonaparte qui lui fut très-utile.

Dans une autre occasion, des émeutiers le menaçant de mort en criant : *Tuons le général, ce sera un aristocrate de moins*, il leur imposa silence en disant : *Tuez-moi, ce sera un aristocrate de moins, mais vous serez douze cents misérables de plus.*

Le général du Teil se refusa toujours à émigrer, malgré toutes les instances qui lui furent faites, disant que la place de la noblesse était en France à la tête de la résistance. Il fut arrêté pendant la terreur à Grenoble et conduit à Lyon pour y être jugé révolutionnairement.

Quelques mois auparavant il était en Lorraine, près de Metz, au château d'Ancy-sur-Moselle qui lui appartenait et où il avait déjà envoyé ses filles, ce pays étant plus tranquille que le Dauphiné.

Des poursuites furent dirigées contre lui, et les sbires de la République vinrent faire une visite domiciliaire la nuit pour s'emparer de sa personne. Il eut le temps de se réfugier sur un arbre et fut sauvé par l'énergie et le sang-froid de ses filles, qui grisèrent les émissaires de la police et trouvèrent le moyen de les renvoyer. Ce fut cette nuit-là qu'elles brûlèrent ses papiers compromettants, où étaient toutes les lettres du prince de Condé, avec lequel il correspondait intimement.

Moins heureux à Grenoble, où n'ayant pas voulu se mettre à l'abri dans un pays où il avait toujours dominé, il fut arrêté et conduit à Lyon.

Un seul de ses fils, Marie-Césaire du Teil, qui avait alors vingt ans, l'accompagna ou fut le rejoindre, et il m'a souvent raconté sa dernière entrevue avec son père.

Ce fut le matin même du jour du jugement, qui devait être aussi celui de la mort. Jean-Pierre du Teil, convaincu de son sort, voulut tromper son fils jusqu'au dernier moment et l'éloigna sous différents prétextes du lieu où siégeait la commission militaire ; seulement, en l'embrassant pour la dernière fois, il lui donna sa montre en lui disant : « Césaire je veux que tu conserves ce souvenir ; on ne sait pas ce qu'il peut arriver dans les temps où nous vivons. » Le jugement fut prompt et l'exécution eut lieu sur la place des Terreaux, devant l'hôtel de ville, le 22 février 1794.

Marie-Césaire, revenant de faire les démarches que son père lui avait indiquées pour l'éloigner, entendit le feu du peloton d'exécution, feu que le général du Teil commanda lui-même.

L'émotion de Césaire fut si forte qu'il demeura comme fou pendant quelque temps, et, obligé lui-même de se cacher parce qu'il avait pris part au soulèvement du Vivarais et des Cévennes, il passa en Suisse et vint à Lausanne, où il fut recueilli par une dame suisse, qui est restée seulement connue dans les souvenirs de la famille sous le nom de tante Louise. Il faut avoir entendu raconter ces scènes de souffrances et de violences par les acteurs pour comprendre la profondeur de l'abîme qui s'est ouvert entre les victimes et les bourreaux ; c'est là et en remontant plus haut encore dans l'histoire que se trouve l'origine des divisions actuelles des partis, qui ne finiront qu'avec l'anéantissement moral de la France ou sa régénérescence dans un oubli mutuel.

Nous devons rendre ici justice aux habitants du village de Pommiers. Lorsque les bandes de Marseillais remontèrent sur Paris en incendiant les châteaux, ils n'osèrent pas approcher de celui de Pommiers, où il y avait des approvisionnements d'armes et de munitions considérables, et que les habitants étaient décidés à défendre vigoureusement. Les Marseillais évitèrent la lutte en prenant un autre chemin, et ce fut seulement après la mort de mon arrière–grand–père, et sur un ordre des autorités de Grénoble, que les armes furent enlevées. Il reste encore aujourd'hui au musée de Lyon deux pièces d'artillerie ainsi que nos armoiries.

Le souvenir de notre nom est encore vivant à Pommiers ; Marie-Césaire du Teil y fit un voyage l'année avant sa mort, en 1841, et il retrouva encore beaucoup de ses contemporains qui lui firent fête.

Jean-Pierre, baron du Teil, avait épousé, par contrat passé à la Côte-Saint–André le 24 janvier 1750, Marie–Madeleine Fay de Peirault, fille de messire Joseph Fay de Peirault, conseiller du roi, et de Marie-Fleurie Collin de la Marche. *La famille Fay de Peirault est une branche de la maison Fay de la Tour–Maubourg, venue s'établir en Dauphiné où elle fonda les branches de Peirault et de Virieu. Il n'y a pas d'autre famille Peirault noble connue en Dauphiné ; les La Tour–Maubourg ou mieux dit les Fay avaient déjà des alliances avec les Adhémar de Monteil, et notre parenté était reconnue avec le vieux général de la Tour–Froissac, qui en a souvent fait parler à mon père par un ami commun.*

Les ossements de Jean-Pierre du Teil sont à Lyon, rangés avec ceux de beaucoup d'autres victimes, dans le caveau de la chapelle des Capucins, aux Brotteaux.

Il existe encore dans la principale église d'Auxonne une cloche dont il fut parrain avec la femme de l'intendant de la province. Nous avons dans nos papiers la copie de la légende de la cloche, prise de la main de mon père.

Le portrait de Jean–Pierre du Teil est dans les galeries de Versailles, salle des Guerriers célèbres.

Claude–Jean–Joseph–Pierre du Teil, fils aîné de Jean–Pierre du Teil et de Madeleine Fay de Peirault, né le 3 juillet 1757, entra dans le corps royal d'artillerie et fut nommé chevalier de Saint–Louis. Il était colonel à l'époque de la Révolution, émigra en 1791 et rejoignit l'armée des Princes où il servit en qualité d'aide de camp du commandeur de Buffévent, maréchal de camp, cousin germain de son père.

A l'époque du siége de Lyon, il rentra en France pour se jeter dans cette place, fit fortifier les hauteurs qui dominent la Saône, et contribua efficacement à la longue et glorieuse défense de cette ville. Lyon s'étant rendu, sa tête fut mise à prix; il courut les plus grands dangers avant de pouvoir atteindre la frontière et se réfugier en Suisse.

Sa femme, Angèle de Berbis, arrêtée à Pontarlier où elle passait pour aller rejoindre son mari, fut traduite devant le tribunal révolutionnaire de Besançon, puis devant celui de Paris. Elle périt sur l'échafaud avec sa femme de chambre, qui, n'ayant pas voulu la quitter, paya de sa vie son dévouement.

Le colonel du Teil se trouvait à Marseille lors des soulèvements fédéraux royalistes de 1795, car Fréron, dans ses *Mémoires,* aux pièces justificatives, page 134, dit qu'il fut reconnu comme l'un des chefs de la Compagnie de Jésus, qui ordonna et prit part au massacre des terroristes emprisonnés au fort Saint–Jean. C'était à la même époque où M. de Mévouillon commandait les fédéraux royalistes de Manosque et de Sisteron, et le marquis de Lestang ceux de Saint–Paul–Trois–Châteaux et de Montélimar; ce dernier était le principal chef, et Fréron l'appelle le Charette de ces contrées, Dauphiné, Comtat et Provence.

Le baron du Teil revint, après la fin de ces soulèvements sanglants, vivre à son château de Pommiers, où il mourut après 1820 ; les terres et le château furent alors vendus pour faire face aux exigences de sa succession. Les bâtiments habitables forment aujourd'hui les communaux de Pommiers, mairie, maison d'école, etc., etc.

Il avait épousé : 1° le 12 février 1785, par contrat passé devant Serdet, notaire à Auxonne, Angèle de Berbis, fille de Louis de Berbis, d'une très-ancienne et très-noble famille de Bourgogne ; 2° à sa rentrée de l'émigration, ou mieux après le retour de la tranquillité, N. de Luzi de Pélissac, de l'ancienne maison de Luzi de Bourgogne, alliée aux Château-Vilain et aux Adhémar de Monteil et établie au château de Revel près de Beaurepaire et de Pommiers.

Du premier lit il eut les trois fils :

1° *Henri du Teil,* né le 21 avril 1788, officier de dragons en 1810, créé chevalier de la Légion d'honneur peu de jours avant la bataille de Leipsick où il eut la cuisse emportée ; il mourut de cette blessure.

2° *Hugues, baron du Teil,* né le 30 juillet 1790, a épousé, le 24 décembre 1823, par contrat passé devant Me Rolland, notaire à Valence, Antoinette-Charlotte-Eugénie Desjacques de Renneville, fille de Charles-Alexandre Desjacques de Renneville, chevalier, capitaine-commandant au régiment d'Aquitaine, infanterie, chevalier de Saint-Louis, et d'Anne de Chantemerle.

De ce mariage et existants aujourd'hui :

Jules-Henri, baron du Teil, officier de cavalerie.

Alexandrine-Anne du Teil, sans alliance.

Anne-Marie du Teil, sans alliance.

3° *Charles-César du Teil,* né le 10 décembre 1793, servit en 1813 avec le grade de maréchal des logis chef dans un régiment des gardes d'honneur à cheval, et fit les campagnes de 1813-1814.

A la première restauration, il entra dans la compagnie des mousquetaires rouges de la maison du roi, et fut nommé garde du corps après les Cent Jours.

Il passa ensuite comme lieutenant au régiment des chasseurs à cheval, et reçut la croix de la Légion d'honneur pendant la campagne d'Espagne de 1823. Il était capitaine au 8ᵉ régiment de dragons quand survinrent des événements de 1830 ; il quitta alors le service.

En 1838 il fut nommé commandant civil en Algérie ; il occupa successivement cet emploi à Bougie, Bouffarik et Blidah. Il est mort vers 1860.

Il avait épousé Anne–Henriette-Aimée du Teil, sa cousine germaine, dont il eut plusieurs enfants.

Il ne reste que l'aîné, Jules du Teil, employé à Alger, marié et qui a des enfants.

Du second mariage de Claude–Jean–Joseph–Pierre du Teil et de N. de Luzi de Pélissac :

4° *Caroline du Teil*, mariée à N. de Lombard, vicomte de Montchalin, dont deux fils :

Charles de Lombard, vicomte de Montchalin, non marié et vivant en son château de Louviers, entre Vienne et Beaurepaire en Dauphiné ;

Joseph de Lombard de Montchalin, marié, vers 1861, à N. de Verna, d'une ancienne famille du Dauphiné.

Jean–Michel du Teil, second fils du baron du Teil et de Madeleine Fay de Peirault, né le 16 septembre 1759, capitaine au régiment de Saintonge, infanterie, servit d'abord dans les guerres d'Amérique. Il émigra en 1791 et entra dans le corps des gentilshommes dauphinois, à cheval, sous les ordres du duc de Bourbon. Il passa ensuite dans l'armée de Condé et périt glorieusement au combat de Bertsheim, près de Haguenau, en Alsace, le 22 décembre 1793. Il était sans alliance.

Jean–Augustin du Teil, né le 19 novembre 1760, officier au régiment de Lorraine, infanterie, mort en 1788.

Alexandrine du Teil, mariée à N. de Patris de Congousse, gentilhomme du Rouergue, capitaine au corps du génie, chevalier de la Légion d'honneur, tué au siége de Tarragone pendant la guerre d'Espagne, en 1810 ou 1811.

Alexandrine, après la mort de son mari, se retira à Metz auprès de son oncle, le général Jean du Teil, et de son frère Marie-Césaire. Lors du passage de Napoléon à Metz, avant l'ouverture de la campagne de Russie, Mᵐᵉ de Patris, voulant obtenir une pension, chercha à s'approcher de l'empereur ; elle était fort petite et il lui était d'autant plus difficile de s'ouvrir un chemin à travers les grosses épaulettes et les personnages qui formaient l'entourage. Enfin son insistance fit sensation et elle put aborder l'empereur, qui lui dit : « *Comment! c'est vous, ma petite Alexan-* » *drine, que j'ai fait si souvent danser sur mes genoux, qu'on ne* » *voulait pas laisser approcher de moi!* » Puis il lui demanda ce qu'elle voulait et lui promit de le faire.

Le brevet de sa pension fut signé de Moscou, et elle en a joui jusque bien après 1864, époque de sa mort, à Metz, à quatre-vingt-sept ans. Elle avait une fille, Eugénie de Patris, morte à Metz en 1870, je crois, avant de voir rendre une ville qu'avait commandée son grand-oncle.

Alexandrine du Teil nous a raconté souvent la dernière entrevue de son père avec Napoléon : ce fut au château de Pommiers ; Bonaparte se rendait alors au siége de Toulon; ils passèrent deux jours ensemble, enfermés avec des cartes et ne s'occupant que des moyens de reprendre la place sur les Anglais.

TRENTE-QUATRIÈME ASCENDANT

Marie-Césaire du Teil, quatrième fils de Jean-Pierre, baron du Teil, et de Madeleine Fay de Peirault, naquit au château de Pommiers le 8 décembre 1773.

Il entra au service comme officier d'artillerie le 28 mars 1788, émigra en 1791, fit la campagne des princes dans les gardes d'Artois, cavalerie, puis servit dans l'armée de Condé.

Il revint en France plusieurs fois pendant la Terreur et fut arrêté à Lyon après la mort tragique de son père, mais il parvint à s'évader. Chargé par les princes de missions importantes, il rentra de nouveau dans sa patrie et se jeta dans les montagnes du Vivarais avec plusieurs gentilshommes de ses amis, entre autres M. de Berbis, beau-frère de son frère aîné.

Voici quelques épisodes racontés par lui-même à ses petits-fils l'année avant sa mort (1841) pendant les soirées d'hiver, dans le bourg de Pont-en-Royans, en Dauphiné.

Pendant la révolte du Vivarais, Marie-Césaire se jeta dans la montagne entre Aubenas, Pradelles, le Puy, Privas et Annonay. Les villages de Burzet, Entraigues, Montpezat et Mezillac furent pris et repris plusieurs fois par les troupes républicaines et les montagnards royalistes, et, au dire des témoins oculaires, ces combats étaient, comme ceux de la Vendée, sans merci ni pitié ; des surprises continuelles, des exécutions sommaires, enfin la guerre de partisans avec toutes ses péripéties.

Marie-Césaire convenait que, en suivant le précepte : « Il vaut mieux tuer le diable que le diable ne nous tue, » les montagnards ne faisaient pas de quartier ; et, ayant eu l'occasion d'habiter, en 1847 et 1848, les mêmes forêts de Cuze où s'étaient passés une partie des événements, je me suis assis maintes fois à l'ombre d'un vieux sapin qui avait été le plus souvent l'instrument des pendaisons, au dire des anciens du pays.

Ne pouvant faire une plus longue résistance, les montagnards se débandèrent et les chefs furent obligés de chercher une retraite.

Marie-Césaire gagna la Loire par les montagnes et s'embarqua sur un bateau rempli de passagers. Parmi ceux-ci se trouvait un sous-officier de l'armée qui se faisait remarquer par ses propos incendiaires et ses diatribes contre les aristocrates et les prêtres ; il proférait de si terribles menaces que Marie-Césaire l'évitait autant que possible ; mais le sous-officier s'y prit de telle façon qu'il finit par l'aborder en tête-à-tête et lui dit à brûle-pourpoint : « *Vous êtes un ci-devant et un officier, taisez-vous et*

» *soyez tranquille, je vous sauverai : vous avez des papiers faux*
» *et vous serez arrêté à la première ville ; voilà une feuille de*
» *route du régiment, qui vous mettra en règle. Si je fais l'éner-*
» *gumène, c'est pour rendre service.* »

Une autre fois, voulant rentrer à Metz avec son frère aîné,
arrivant à cheval d'Allemagne, il lui donna le conseil de descendre
et d'entrer comme un promeneur dans la ville ; puis lui-même,
montant un bon cheval et conduisant l'autre en main, sut si bien
se servir de l'éperon, que la sentinelle ne voyait pas « que le
cheval pointât, caracolât et se défendît comme un furieux ; » la
foule s'assembla, et, tout en ne paraissant pas maître de sa mon-
ture, il lui fit passer peu à peu porte et pont-levis et entra en
amusant la curiosité du public et toujours criant aux gardes
qu'il ne pouvait maîtriser son cheval et qu'il lui était impossible
d'arrêter pour faire voir ses papiers.

Il courut aussi danger de la vie dans le bourg de Tullins, près
Pommiers, en Dauphiné ; là il était connu et arrêté comme
noble et aristocrate, pendant qu'on le conduisait en prison ; la
foule l'entourait, et un cordonnier entre autres l'approchait pour
lui planter son tranchet dans le corps. Marie-Césaire, voulant au
moins en tuer un ou deux avant de succomber, chercha à sortir
ses pistolets ; un autre des assistants vit le mouvement et se pré-
cipita sur lui en disant à voix basse : « *Vous voyez bien que si vous
faites un signe de résistance vous serez écharpé* » ; il contribua à le
pousser plus vite à la prison. Une fois enfermé, la foule vociféra
encore, La nuit venue, chacun rentra chez soi, et le maire,
profitant du calme relatif, amena lui-même un cheval et laissa
s'échapper Marie-Césaire du Teil.

Ce sont là les épisodes de ces tristes temps relatifs à notre
famille, dont j'ai recueilli le souvenir et que je désire voir se
conserver pour prouver une fois de plus combien dans le peuple
il y a de bonnes et généreuses natures toujours prêtes à venir au
secours des opprimés ou des gens en danger, au péril de leur
propre vie et sans arrière-pensée de récompense.

Rayé plus tard de la liste des émigrés, Marie-Césaire, qui avait
besoin d'une position, alla trouver Bonaparte pour lui demander

de l'aider. « *César, lui dit celui-ci, je sens que je ferai mon chemin et je vous conseille de vous attacher à ma fortune en reprenant du service.* » Mais, voyant la répugnance de mon grand-père à servir activement un gouvernement dont les principes avaient fait périr ou dispersé toute sa famille, il n'insista pas et le fit nommer inspecteur des forêts.

Marie-Césaire revint habiter le château d'Ancy, près Metz, qui avait appartenu à son père et qui était encore une propriété de sa famille. Il y épousa Marie-Thérèse de Waïde, veuve de messire de Verpy, écuyer, seigneur de Saulny, officier au régiment de Saintonge. *C'est de ce premier mariage que ma grand'mère eut Caroline de Verpy, qui épousa Marcilly de Lassus, mort chef d'escadron d'artillerie. Elle était donc demi-sœur de mon père, et c'est d'elle que vient notre parenté avec les Lassus de Saint-Geniès, près Toulouse.*

Louis XVIII octroya à Césaire du Teil des lettres patentes du titre héréditaire de baron que portait déjà sa branche ; elles furent enregistrées à la cour royale de Metz le 12 mai 1820.

Ces lettres patentes sont importantes pour la famille en ce qu'elles nous confirment la qualification de Chevalier. *Le Conseil du sceau ne voulait d'abord admettre que le titre d'écuyer, mais mon grand-père déclara que, plutôt que d'abandonner une qualification qui avait toujours appartenu de droit à sa famille, il renoncerait à toute espèce de titre. Il y eut des débats contradic-toires ; mon grand-père fournit ses preuves, et le Conseil du sceau admit sa réclamation en nous maintenant la qualification de* Che-valier, *ce qui est la preuve actuelle la plus authentique de l'an-cienneté d'une famille.*

Le baron du Teil fut inspecteur général, puis administrateur général des eaux et forêts de France ; il avait été breveté par le roi chef de bataillon d'artillerie et nommé plus tard officier de la Légion d'honneur, étant déjà chevalier de Saint-Louis.

Il fut chargé trois fois par le roi de présider le collége électoral de Thionville, qui lui conféra son mandat. A la Chambre des députés, où il siégea jusqu'en 1830, il se fit remarquer par son dévouement à la monarchie et prononça plusieurs discours remar-

quables sur l'organisation de l'administration et l'aménagement des forêts.

Charles X lui témoigna en plusieurs occasions une bienveillance toute particulière. A la mort du conseiller d'État, directeur général des eaux et forêts, il fut chargé par intérim de ces fonctions importantes. Déjà il était désigné par l'opinion publique pour le remplacer, lorsqu'une combinaison ministérielle amena un autre choix, mais la raison vraie est qu'il avait refusé de faire partie de la Congrégation.

Je désire que la lettre suivante de mon grand-père Marie-Césaire du Teil accompagne sa vie dans cet ouvrage, comme témoignage de la droiture de ses sentiments et direction à donner à l'éducation de nos descendants. Dieu veuille qu'ils soient toujours dignes d'en comprendre le sens moral et philosophique. Elle date du dernier jour de janvier 1827 et fut écrite à l'occasion de ma naissance.

« *Je conçois, mon cher fils, et partage bien tout ton bonheur ; il me rappelle celui que j'éprouvai quand tu nous arrivas. Puissent nos vœux pour ce cher petit être se réaliser, et toi et sa mère puissiez-vous voir votre bonheur s'accroître un jour du sien !*

» *Je te sais bien gré de l'empressement que tu as mis à nous annoncer à chacun séparément la nouvelle, et j'ai été touché des réflexions dont tu l'as accompagnée ; j'y ai retrouvé ton cœur et tu y as bien su parler au mien. Sans doute, mon ami, ton fils est mon fils et je trouverai un grand bonheur à pouvoir pour lui tout ce que j'ai désiré pour toi, mais je ne m'abuse pas. Si je le vois grandir, le verrai-je grand ? C'est de toi, mon fils, de ta tendre sollicitude, de tes soins éclairés qu'il doit attendre son sort dans ce monde. Peut-être toutefois, et il faut s'y attendre, ne réussiras-tu pas à le faire riche ; ne sais-je pas par moi-même qu'il n'appartient pas à tout le monde de le devenir et qu'on échoue souvent dans un pareil désir, dont au reste on ferait bien de se défendre. Mais tu auras beaucoup fait si tu le rends capable* et en fais un homme de bien, à l'exemple des siens.

» *Je t'embrasse tendrement et embrasse de même ta femme ;*

veille bien à ce qu'elle prenne tous les soins qu'exige son état et ne fasse pas d'imprudences : elles seraient fatales par ce froid rigoureux. »

J'ajoute à cette lettre quelques réflexions et quelques conseils pour les miens, dictés par l'expérience et la pensée de l'avenir.

Dans une société démocratique, et en vue de la période de décroissance où est entrée la France, une famille ne doit plus penser à rester grande et illustre par la continuité des emplois et des charges nationales ; il faut qu'elle se voue à la science dans toutes ses branches et se maintienne au-dessus de la moyenne par l'emploi de toutes ses facultés ; c'est par une position indépendante qu'elle restera en dehors des partis, sera toujours à même de se rendre utile à son pays et pourra occuper au moment nécessaire la place qui la conserve dans l'aristocratie des gens de bien et des natures d'élite.

Marie-Césaire du Teil mourut le 24 décembre 1842, laissant quatre enfants :

1° Joseph–Henri-Césaire du Teil, qui continua la descendance ;

2° Anne-Henriette–Aimée du Teil, mariée à Charles-César du Teil, son cousin germain, comme il est dit plus haut ;

3° Eulalie du Teil, mariée à Antoine-Dominique-Eugène de Lanti, d'une ancienne famille qui a fourni des conseillers au Parlement de Metz, et qui descend peut–être de l'ancienne race des Lanti de Bourgogne.

De ce mariage sont issus :

Albert de Lanti, marié et colonel d'artillerie ;

Ernest de Lanti, colonel du génie et commandant la place de Belfort;

Marie de Lanti, sans alliance ;

4° Louise du Teil, morte à Toulouse au couvent des Dames Auxiliatrices, le 10 octobre 1876.

TRENTE-CINQUIÈME ASCENDANT

Joseph–Henri–Césaire, baron du Teil, fils de Marie–Césaire du Teil et de Marie-Thérèse de Waïde, né à Metz le 23 novembre 1806, marié à Paris le 24 janvier 1826 à Aimée–Louise–Caroline, marquise de Geslas de Lespéroux, de la branche des seigneurs de Donjeux en Champagne, dame chanoinesse du chapitre de Sainte-Anne de Munich en Bavière.

Fort jeune à la Révolution de 1830, le baron du Teil, s'étant refusé à servir le gouvernement de Louis–Philippe Ier d'Orléans, donna sa démission d'inspecteur des forêts et se retira en Lorraine, au château de Serres, près Thionville, avec sa famille ; puis il habita la Lorraine allemande, au village de Reding, entre Sarrebourg et Phalsbourg, villes près desquelles il posséda de grandes propriétés jusqu'en 1840.

A cette époque, de nouvelles acquisitions le ramenèrent en Dauphiné, dans le Royannais, à quelques lieues des fiefs et des seigneuries de ses ancêtres ; ce fut là que le surprit la Révolution de 1848, et malgré les opinions libérales et républicaines des Dauphinois, son caractère bon et généreux lui conserva toutes les sympathies du pays, et jamais il ne fut molesté à cause de sa position ou de son titre, qu'il ne cessa jamais de prendre aux plus mauvais jours et dans la ville de Romans même, où la populace se porta à des excès et des outrages contre les officiers de la garnison. Les trois chefs de la démagogie étaient le maître charpentier Blain, le maître serrurier Guichard, et un agréé au tribunal de commerce, nommé Duc ; le baron du Teil avait des relations avec tous les trois ; ils se conduisirent toujours avec la plus parfaite convenance et conservèrent les meilleures formes pendant tout le temps de la crise.

Les embarras d'affaires et les pertes occasionnées par la Révolution de février 1848 obligèrent le baron du Teil à vendre ses biens et à se retirer à Paris, pour de là aller nous établir à Guatemala.

Sept ans après notre première arrivée dans ce pays, notre

père se décida à nous y suivre avec notre mère, et trois mois après son arrivée à Guatemala, il y mourut, le 29 juin 1858.

Le baron du Teil, n'ayant pas occupé de position officielle, ne laissa de souvenirs que parmi l'élite des hommes de bonne compagnie de son époque. Il fut un des premiers membres du Jockey-Club de Paris, et fit partie de ce cercle pendant vingt ans; il y était connu comme l'un des meilleurs écuyers de France, à l'égal de ses amis les Vaublanc, Mackenzie Greeves, Guy de la Tour-du-Pin, Camille de Tournon et autres.

Joseph–Pierre–Marie–Xavier du Teil, fils puîné de Henri, baron du Teil, et de Caroline, marquise de Gestas, né le 7 janvier 1831 au château de Mardilly, près Courtenay en Bourgogne, marié à Paris le 26 décembre 1858 à Georgina Nunès, fille de Georges Nunès, ancien consul de France à Saint-Thomas (Antilles), chevalier de la Légion d'honneur et de l'ordre de Dannebrog de Danemark. Il n'a pas d'enfants de son mariage.

TRENTE-SIXIÈME ASCENDANT

Joseph-Césaire-Oscar, baron du Teil, fils aîné de Henri, baron du Teil, et de Caroline, marquise de Gestas, né le 22 janvier 1827, au château de Vaux, près Metz (Lorraine), résidant à Guatemala depuis mai 1851, et marié, le 12 août 1867, à Anne-Marie Palomo de Rivera y Batres.

De cette alliance :

1° Jean-Henri–Joseph–Louis du Teil, né le 25 mai 1868;

2° Joseph–Fernand–Jean du Teil, né le 30 octobre 1870;

3° Anne-Louise–Marguerite du Teil, né le 21 novembre 1873.

BRANCHE DE LA MAISON DU TEIL RÉSIDANT A PARIS

Alexandre, baron du Teil, dernier fils de Jean-Pierre, baron du Teil, et de Madeleine Fay de Peirault, né le 9 juillet 1775, fut officier dans l'artillerie, émigra en 1791, et rejoignit les officiers de son corps à l'armée de Condé.

Le 2 octobre 1816, le roi Louis XVIII le nomma chef d'état-major des gardes nationales du département de Saône-et-Loire, et le 1er avril 1817 il reçut le brevet de colonel. Il fut créé chevalier de Saint-Louis le 25 avril 1821 et chevalier de la Légion d'honneur le 22 juin 1826.

Il avait épousé, par contrat passé à Metz le 27 juillet 1799, Françoise de Jouslard d'Yversay, fille de Joseph, vicomte d'Yversay, colonel du régiment de la Sarre, infanterie, et de Marie de Verthamon, dont il a eu trois filles et un fils.

Il mourut à Paris le 20 août 1854, à soixante-dix-neuf ans.

1° *Aglaé-Eulalie-Lydie du Teil*, mariée le 19 mai 1824 à Anatole-Jean-Baptiste de Guillebon, d'une ancienne famille de Picardie, dont :

Valéric de Guillebon, mariée à N. de Gartempe, *je crois*. Edouard de Guillebon, officier de chasseurs, tué dans la guerre du Mexique ;

2° *Lydie-Joséphine-Clémence du Teil*, mariée le 3 juin 1830 à Eugène-Louis-Joseph, comte de Buisseret, colonel du 1er régiment de chasseurs à cheval, chevalier de Saint-Louis et de l'ordre de Saint-Ferdinand d'Espagne, commandeur de la Légion d'honneur. Morts sans enfants ;

3° *Flavie du Teil*, mariée en novembre 1830 à N. Rieul-Godard, d'une famille distinguée de Picardie, et qui a été autorisée par ordonnance du Conseil du sceau à relever pour lui et ses en-

fants le nom et les armes des marquis de Bellengreville, famille
de sa mère.

De ce mariage il y a eu quatre enfants.

*Pierre-Alexandre-James, baron du Teil, fils d'Alexandre, baron
du Teil, et de Françoise de Jouslard d'Yversay*, avocat au bar-
reau de Paris depuis 1835, et membre du conseil intime du comte
de Chambord ; marié le 4 juin 1851 à Joséphine-Marie-Charles
de Nonjon.

Il plaida sous le gouvernement de Louis-Philippe pour les
Vendéens de la Pénissière, pour les inculpés de la conspiration
dite de la rue des Prouvaires et pour les ouvriers charpentiers
de Paris.

Il est mort à Paris dans son hôtel de la rue de Madame, le
24 mai 1875, laissant quatre enfants ;

Augustin-Marie-Georges du Teil, né à Paris le 1er avril 1854,
officier dans l'armée, autorisé à prendre le nom et le titre de son
oncle le baron du Havelt ;

Joseph du Teil ;

N. du Teil, en pension au Sacré-Cœur.

*Raymond, baron du Teil, fils aîné de James, baron du Teil, et
de Marie-Charles de Nonjon*, né en 1852, attaché au ministère
des affaires étrangères ; marié en 1876 à N. de Beausset, fille du
comte de Beausset.

EXPLICATION RAISONNÉE

DE

NOS ARMOIRIES

qui sont :

D'or au chevron de gueules, accompagné en pointe d'un tilleul de sinople, au chef de gueules chargé d'une fleur de lys d'argent accostée de deux étoiles du même.

———

CHAMP D'OR. — *Le champ d'or* est celui des armes les plus anciennes des Adhémar de Monteil et de presque toutes les familles qui en sont issues.

CHEVRON DE GUEULES.—*Le chevron de gueules* de nos armes apparaît à la même époque *d'or sur champ de gueules* dans le blason des Adhémar de Grignan ; ce sont les deux écussons les plus anciens du Dauphiné et de Provence dans lesquels figure cette pièce héraldique.

Il est présumable que ces armoiries furent composées dans le même temps où Lambert Adhémar adopta celles de la maison de Toulouse, vers 1200, et que ce furent les membres de la maison d'Adhémar de Monteil, alliés aux comtes Raymond VI et Raymond VII et aux rois d'Aragon contre les Croisés de Simon de Montfort, qui préférèrent les gueules à l'azur; la preuve ressort de ce que les du Teil d'Auvergne, restés étrangers à la guerre des Albigeois, ne prirent pas le chevron et que l'azur continua à être la couleur du chef de leur blason.

DEUX ÉTOILES D'ARGENT. — *Les deux étoiles d'argent* du chef sont une brisure, due à un caprice ou à une erreur de graveur, des *deux croix pattées d'argent cantonnées de quatre croisettes du même* de l'écusson des Adhémar de Grignan, et ces deux signes héraldiques différents sont encore en souvenir des croix de Toulouse, qui à la vue représentent sensiblement la même figure.

Il est bon de se souvenir toujours, en lisant ces rapprochements, que le père de Giraudet Adhémar de Monteil, mari d'Alix de Polignac, est qualifié d'abord de seigneur de Grignan avant l'an 1095, et qu'il est la tige des deux maisons qui se confondent souvent, car jamais leur généalogie n'avait été établie avec assez de recherches et, d'ailleurs, dans les premiers degrés une séparation complète serait presque impossible.

En étudiant attentivement les fragments de Grignan qui sont donnés par Pithon Curt, on voit qu'il confond sous ce nom plusieurs membres de la maison du Teil.

TILLEUL DE SINOPLE. — *Les arbres* sont une pièce héraldique rare en France et commune en Espagne où ils ont été adoptés en mémoire du serment qui fut prêté à Alphonse XI par les Espagnols et quelques chevaliers français d'Auvergne, de Languedoc et de Provence, sous l'arbre de Garnica en Biscaye, quand ils jurèrent de ne laisser ni paix ni trêve aux Maures jusqu'à ce qu'ils les eussent chassés de l'Espagne, et aussi de maintenir leurs fueros. Ce serment très-connu et très-historique eut lieu en 1334, et il doit être commun aux deux branches du Teil de Dauphiné et d'Auvergne, parce que toutes les deux prirent part aux guerres contre les Maures.

Quant à l'essence de l'arbre, chaque famille adoptait celui qui avait une synonymie avec son nom ou qui lui plaisait davantage.

De cette première hypothèse serait venue le *Tilleul* pour nous et le *Noyer* pour les Louet de Nogaret, nos alliés.

FLEUR DE LYS D'ARGENT ET CHEF DE GUEULES. — *La fleur de lys* nous fut accordée par concession royale sous Charles VII, comme à plusieurs autres familles, en récompense de la fidélité que nous lui avions montrée et des services de Jean II, Jean III et Bertrand du Teil, rendus dans les guerres contre les Anglais, sous Charles V, Charles VI et Charles VII.

Ce fut sans doute à cette date que pour parfaire les armoiries *le chef de gueules* a été ajouté pour porter la fleur de lys et les deux étoiles d'argent.

L'écusson est surmonté d'une couronne de marquis de toute ancienneté, et les supports sont deux lions rampants.

Je crois ces explications aussi rationnelles que possible et bien approximatives de l'exacte vérité, ne pouvant les appuyer que sur des rapprochements et des similitudes.

LISTE ALPHABÉTIQUE APPROXIMATIVE

Des familles françaises ayant une même origine que les Adhémar de Monteil *ou issues de la tige mère des* Ferréol *sans avoir quitté l'Auvergne et le Languedoc.*

Adhémar de Lantagnac................	Vivarais et Languedoc.
Aubusson...........................	Éteints dans les mâles.
Apchier...........................	Auvergne.
Boissières ou Bussières du Tillet......	Auvergne et Berri.
Bourbon anciens (Éteints).............	Bourbonnais et Auvergne.
Blanchefort (Éteints).	
Bourbon, marquis del Monte...........	Italie.
Belvezer...........................	Auvergne et Provence.
Blot de Chauvigny...................	Bourbonnais et Auvergne.
Chabannes.	
Chapt de Rastignac.	
Chateauneuf, Randon et Joyeuse.........	Languedoc.
Comborn (Éteints)...................	Auvergne.
Caritat de Condorcet (Éteints)..........	Dauphiné.
Culant et anciens Sully...............	Bourbonnais.
Faucher de Provence.................	Provence. ⎫ Même famille.
Foucher de Careil...................	Poitou. ⎭
Fos, vicomtes de Marseille.............	Provence.
Forcalquier (Éteints)................	Provence.
Fontanges..........................	Auvergne.

GRIMALDI............................ Provence.
ISSERPENS........................... Auvergne.
LAINCEL DE PROVENCE, descendant des premiers
    comtes d'Orange.
LASTIC.............................. Auvergne.
MADIC (Éteints)..................... Auvergne.
MERCŒUR (Éteints)................... Auvergne.
MÉVOUILLON......................... Provence.
MONTFORT........................... France et Angleterre.
MONTLUÇON.......................... Bourbonnais.
MURAT DE CROS...................... Auvergne.
PRACONTAL.......................... Dauphiné.
PESTELS DU TEIL OU DE MONTEIL....... Auvergne.
PERTHUIS........................... Provence.
POSQUIÈRES (Éteints)............... Provence et Languedoc.
LA QUEILLE......................... Auvergne.
ROCHE-AYMON........................ Bourbonnais.
ROCHE-CHOUARD...................... Auvergne.
ROCHEFORT D'AUROUSE................ Auvergne.
ROUVROY DE SAINT-SIMON et HÉDOUVILLE..... Vermandois.
RUINES (Éteints)................... Auvergne.
SABRAN............................ Provence et Languedoc.
SAINT-FERRÉOL (Éteints)........... Auvergne.
SCORAILLES (Éteints).............. Auvergne.
SAINT-LÉGER (Anciens).
TAILLAC, TEIL et THELIS........... Auvergne.
TEIL, comtes de la Rochère........ Poitou.
TEIL (DE RÉALMONT, comtes du)..... Languedoc.
USSEL (Éteints).
VENTADOUR (Éteints).
VICHY (Éteints).

Les noms éteints ont leur utilité comme renseignements et parce qu'il n'est jamais certain qu'il n'en existe pas une branche sous un nom différent dont la filiation n'a pas encore été recherchée.

BRANCHES COLLATÉRALES DE BAVIÈRE

Sorties de HERNAN, *second fils d'*ANSBERT, *en* 580, *et frère de saint Arnulf, évêque de Metz, et aussi de Clodulf, fils aîné de saint Arnulf, en* 620.

Deuxième race royale de Bavière.
Ducs de LORRAINE.
MONCADE et PATERNO................. Catalogne, Sicile, Naples.

Avesnes............................	Flandres, Berri, et Auvergne.
Comtes DE CHAMPAGNE.	
Comtes de DAMPIERRE...................	Bourbonnais et Champagne.
Comtes DE FLANDRES.	
CHATILLON-SUR-MARNE (Éteints)...........	Champagne.
HABSBOURG.	
FENESTRANGES (Éteints).................	Lorraine.
ROCHEFORT D'AILLY.	
Vicomtes de MONTREUIL-SUR-MER et WIGNA-COURT............................	Picardie.
ZERINGHEN (comtes de).................	Allemagne.

Il n'y a rien d'étonnant à ce que cinquante ou soixante maisons approximativement, dont une quarantaine existantes, soient sorties d'une race gallo-romaine aussi forte que les Ferréol, dans un laps de temps de treize siècles; il est probable au contraire qu'il en reste bien davantage.

Il y en aura un plus grand nombre dans quatre ou cinq siècles que tout ce qui existe aujourd'hui des Bourbons et des Bonapartes, probablement dans des positions moins brillantes encore et plus difficiles à classer, car il n'y aura plus, pour en conserver le souvenir, les fondations des couvents qui pendant huit cents ans ont gardé des archives inviolées. Il est vrai qu'en compensation il y a l'imprimerie, et que tous ceux qui auront su conserver un nom dans la science et les arts utiles surnageront encore au-dessus de la démocratie.

La démocratie péchera toujours par l'absence d'hérédité; ce sont deux principes opposés; mais l'histoire a prouvé que là où manque l'esprit de famille et de continuité, les hommes, les faits et les événements se succèdent comme un torrent dévastateur qui ne laisse après lui que vestiges sans formes et quelques personnalités qui s'appellent Erostrate, les Gracques, Spartacus, Marius, Genséric, Attila, Wat Tyler, Jean Huss, Tamerlan, Étienne Marcel, Robert Lecoq, Capeluche, Nicolas Rienzi, Mazaniello, Bussy Leclerc, Rousseau, Diderot, Mirabeau, Carrier, Lebon, Danton, Collot d'Herbois, Robespierre, Ledru Rollin, Bazaine, Rigaut, Rochefort-Luçay et *tutti quanti*, et, de tous ces noms, il ne reste que des exemples à éviter et de sanglants souvenirs.

Ils ne fondent ni familles, ni villes, ni nations, et mieux valent Solon, Lycurgue, Romulus, Alaric, Clovis, Rollon, Rurick, Albert de Brandebourg, Washington, Bolivar, Capo d'Istria.

Les premiers représentent les forces négatives et les derniers les forces positives, et comme l'avenir appartient aux idées positives, il est peu probable que la démocratie française éclaire le monde avec ses hallucinations.

Il est bien entendu que démocratie ne s'identifie pas avec république, et c'est au contraire à mon avis le pôle opposé.

La grande force des États-Unis ne réside pas dans leur démocratie, mais dans une fédération de puissants sénats, sous la sauvegarde d'un président toujours très-constitutionnel et de lois organiques parfaitement respectées.

Il se peut que ce soit là l'avenir pour une grande partie des nations, mais il est hors de doute que, sans continuité dans les institutions politiques et hérédité dans les races qui sont destinées à les soutenir, il ne peut y avoir que changements violents au profit des ambitieux avides de pouvoir et au détriment de la république.

Je résume ce premier essai généalogique historique en rappelant au lecteur combien il m'a coûté de travail et de recherches, dans un pays où il n'y a ni bibliothèques, ni livres anciens; et si j'ai eu le courage de le continuer, malgré des difficultés de tous genres, c'est avec le seul espoir que des hommes mieux placés que moi sous tous les rapports apprécieront l'importance des questions généalogiques pour notre histoire de France encore à faire, et se décideront à aborder scientifiquement un sujet trop abandonné jusqu'à ce jour.

Nos recueils généalogiques actuels ne s'occupent que des noms aujourd'hui représentés, ce qui n'est pas suffisant pour le classement des familles dans l'histoire, et surtout leur grand défaut est de ne jamais déterminer une origine; il résulte de là une quantité exagérée de noms différents qui rendent toute étude sérieuse impossible et diminuent la valeur de l'authenticité donnée aux recherches.

Je voudrais me faire comprendre par deux exemples assez frappants pour être saisis par tout le monde; je dis donc :

Faites l'histoire de la maison de Fay et vous suivrez un grand nom militaire à travers toute l'histoire de France; ne cherchez pas à établir la généalogie des marquis de La Tour-Maubourg, parce qu'au bout de quelques générations vous trouverez que ce nom appartenait à une famille distincte, qu'il est entré par mariage dans la maison de Fay, que très-probablement il n'était pas davantage le nom patronymique des anciens seigneurs du château de La Tour-Maubourg, et que par conséquent **jamais** cela n'a été un nom de famille comme l'ont compris les Romains; et pour tous les ignorants, le nom de Fay trouvé sans antécédents au bout de la généalogie comme point d'arrêt aura toute l'apparence d'un point de départ d'illustration, lorsqu'au contraire lui seul mérite de faire corps avec toute l'histoire de France.

Faites l'histoire de la maison de Bruslard et ne vous occupez pas des noms de Sillery, Genlis et Puisieux. Sillery et Puisieux n'ont jamais été, je crois, que des noms de terre sans importance et Genlis est le vieux nom d'une race bourguignonne de sang royal qui n'a rien de commun avec les Bruslard, famille de très-ancienne bourgeoisie et des parlements.

Pour les gens d'une instruction historique ordinaire, cette nomenclature de noms de terre plus ou moins ronflants est incompréhensible, et chacun croit en lisant découvrir une nouvelle famille au fur et à mesure qu'il rencontre un nom marquant différent.

Cette confusion fait perdre à nos maisons illustres la plus grande partie de leur prestige national et leur donne en apparence dans la suite des annales historiques de la nation française, une existence éphémère et aléatoire qui est contraire à la vérité et rabaisse leur importance en comparaison de la noblesse des autres peuples.

Si j'ai quelques imitateurs, je les prie d'avance de croire que c'est à leur intention que j'ai travaillé par-dessus tout, et j'espère qu'ils feront faire à la question généalogique un pas assez décisif pour la dépouiller des apparences frivoles et purement mondaines dans lesquelles on cherche à tort à l'ensevelir.

Je termine ce premier essai généalogique en rappelant à la vraie noblesse féodale française l'ancienne devise des Adhémar de Monteil, que je voudrais voir devenir celle de tous ses descendants dans l'avenir :

PLUS D'HONNEUR QUE D'HONNEURS.

FIN

PARIS. — IMPRIMERIE E. MARTINET, RUE MIGNON, 2

www.ingramcontent.com/pod-product-compliance
Lightning Source LLC
Chambersburg PA
CBHW052044270326
41931CB00012B/2629